中国珍スポ探検隊Vol.1
関上武司　北部編
中国遊園地大図鑑

まえがき

　筆者は1998年に中国へ短期留学し、中国の魅力にどっぷりはまることになる。その後は北京での長期留学や蘇州で駐在員として勤務していたこともあり、かなりディープに中国と接してきた。当初は中国国内の観光は世界遺産や有名スポットへの訪問が多かったが、2011年に「偽ディズニーランド」としてマスコミに叩かれた「北京石景山遊楽園」へ遊びに行った際に衝撃を受ける。園内のパクリキャラのオブジェやイラストは遊園地の製作者やスタッフが来園者を楽しませようとした結果なのだが、日本人の観点からすると「版権を無視したお笑いに走っている現状」が筆者の心を捉えて離さかった。以後、中国旅行の際には現地の遊園地訪問をスケジュールに組み込み、ついには中国旅行の目的が遊園地巡りになってしまう。

　本書のタイトルは『中国遊園地大図鑑』となっているが、用語集に解説したように元来、遊園地とテーマパークは似ているが異なる観光施設だ。また、本書では純粋な娯楽施設ですらなくテーマパークのような外観の教育施設まで収録しているが、「インパクトを重視した結果」ということで大目に見ていただきたい。

　日本ではテーマパークの開発のピークは90年代と言われている。中国でも経済成長によって、人々の所得が向上し、一般市民も娯楽やレジャーに消費することが可能になっていることから、2015年だけで21ものテーマパークがオープン。中国はまさに「テーマパーク戦国時代」に突入し、数百億円規模というプロジェクトにも関わらず中国各地で建設ブームが加速している。しかし、中国のテーマパークの70%が赤字経営に陥っていて、小規模のテーマパークは経営破たんが後を絶たないが、このような傾向は日本の地方にある遊園地や観光施設が廃墟になる原因と類似している。中国の遊園地やテーマパークといえば版権を無視したパクリキャラが氾濫しているイメージだろうが、概ね正しい。ただ、『喜羊羊』や『熊出没』といった中国産アニメのキャラクターグッズも遊園地に多く登場し、本書に掲載した「抗日テーマパーク」のような中国独自コンセプトのレジャー施設も開園。「上海ディズニーランド」が2016年にオープンし、北京では「ユニバーサル・スタジオ」の2020年開園を目指して建設が行われているので、今後は版権問題をクリアした外国産コンテンツのテーマパークも増えると予想される。中国経済の成長も鈍化していると言われているが、中国の遊園地・テーマパークといったレジャー産業がどのように変化するのか、ますます目が離せない。

　本書は日本人にはあまり知られていないマニアックな中国の遊園地・テーマパークを紹介しているのだが、読者の一部が本書に収録した物件に実際に足を運んで楽しんでもらえることを願ってやまない。読者が本書を手に中国の現地タクシードライバーに目的地まで行ってもらえるよう、簡体字の遊園地名と住所も併記してある。筆者は中国の遊園地は基本的に一人で訪問しているが、2014年に「北京石景山遊楽園」へ日本人の友人と再訪したところ、多くのツッコミどころに「ありえねぇ～！」と驚愕を共有化でき、面白さが倍増。中国の遊園地へは多少の困難を笑ってすませられるタフな友人やパートナーと行くのがお勧めだ。

目次

002 まえがき
003 目次
005 用語集

007 第1章 華北 北京市・河北省・山東省・河南省・山西省

008 偽ディズニーランドとして有名な遊園地 北京石景山遊楽園
020 元・北京オリンピック会場で繰り広げられるパクリキャラの祭典 北京朝陽公園
030 意外と日本は注目されている？ アジア最大のミニチュアパーク 北京世界公園
040 山寨版『ハリー・ポッター』のホグワーツ魔法魔術学校 河北美術学院
050 エジプト政府も激怒！実物大の偽スフィンクス顛末記 石家庄新長城国際影視城
056 **絶句！遊園地のパクリキャラのイラスト!!**
060 廃墟になった国家4A級景区の超大型室内テーマパーク 青島宝龍楽園
068 かつては青島神社の境内だった児童公園のパクリは控えめ 青島市貯水山児童公園
072 大仏のご尊顔のモデルを遊園地の創業者にした結果 龍華歓楽園
078 山西省の抗日テーマパークで愛国主義教育 八路軍文化園
090 僻地すぎる抗日テーマパークの立地は大丈夫か 遊撃戦体験園
098 **秘技伝授！中国のパクリ遊園地の探し方!!**

101 第2章 東北地方1 黒竜江省・吉林省

102 巨大観覧車から大仏様を見下ろせるレアな遊園地 ハルビン文化公園
108 世代を越えて愛されるライトレール・少先号 ハルビン児童公園
114 **遊園地のネズミ型コースター特集**
116 シンデレラ城をパクッたテーマパークの意外な顛末 欧亜之窓公園
122 抗日戦争の民族英雄が眠る公園に日本のアニメ・萌えキャラ登場 兆麟公園
126 映画とレジャー産業を融合させた世界級のテーマパーク 長影世紀城
134 公園のHPに思想政治の項目がある長春版ディズニーランド 長春市児童公園
138 かつてラストエンペラーが軍事大演習をしていた公園 勝利公園
142 北国の小さな遊園地はパクリキャラと兵器がお好き 敦化市北山公園
146 **衝撃！東北地方の変な看板特集!!**

149　第3章　東北地方2　遼寧省

- 150　園内のディズニーキャッスルは版権的に大丈夫なのか？　瀋陽南湖公園
- 164　孫文にちなんだ公園にある国家級教育基地・自然王国に注目　瀋陽中山公園
- 168　絶滅危惧種のアムールトラが餓死した動物園の顛末　瀋陽森林動物園
- 172　瀋陽と札幌との友好都市の懸け橋となる元・動物園　万泉公園
- 176　ジャイアントパンダがいる目の前で『カンフー・パンダ』がキック　大連森林動物園
- 180　ライトアップは美しいがパクリキャラは控えめな遊園地　星海広場遊楽場
- 184　テーマパークのキャッスルのような5つ星ホテル!!　大連一方城堡豪華精選酒店
- 186　理解不能！ セクシー路線に走る回転ブランコ!!　星海公園
- 190　巨大なサッカーボールとパクリキャラが同居する風情ある公園　大連労働公園
- 194　**仰天！遊園地のパクリキャラグッズ!!**
- 196　冬季は営業しない国際的なテーマパーク　発現王国
- 218　**パクリキャラは遊園地のHPにも溢れている!!**

- 222　遊園地スペック表
- 223　あとがき

アイコンの見方

🏠 遊園地の名称

- 読　日本語の読み方
- 簡　中国語簡体字の表記
- 発　中国語の発音
- A　英語の名称
- 📍　住所
- 🚇　アクセス方法
- ¥　入場料
- ↗　面積
- 🕐　開園時間
- 💻　ホームページのアドレス

補足：円と元のレートは2016年11月のレートを元に、煩雑さを避けるため小数点は切り捨て、15円で計算。

用語集

🎠 遊園地／施設用語

游乐园　遊楽園（ゆうらくえん）
いわゆる遊園地。日本の経済産業省の定義では主として屋内、屋外を問わず、常設の遊戯施設を3種類（観覧車、ジェットコースター、メリーゴーラウンドなど）以上有し、フリーパスの購入もしくは料金を支払うことにより施設を利用できる事業所のこととなっている。中国の場合、大きな公園や動物園の一部が遊楽園になっている場合も多く、パクリキャラの巣窟となっている。呼称も若干異なる。

主题公园　主題公園（しゅだいこうえん）
テーマパークの直訳。入場料をとり、特定の非日常的なテーマのもとに施設全体の環境づくりを行い、テーマに関連する常設かつ有料のアトラクション施設（映像、ライド、ショーなど）を有し、パレードやイベントなどを組み込んで、空間全体を演出する事業所と経済産業省では定義されている。中国では上海ディズニーランドのような王道もあれば、『アニメとゲーム』『抗日』といったものまでテーマパークのテーマとして採用される。

影视城　影視城（えいしじょう）
映像作品の撮影の為に特定の時代を設定して建造されたオープンセット。中国の場合、驚愕のスケールを誇る施設が多く、時代劇や抗日ドラマの撮影に使用されている。パクリ建造物で海外から叱責された施設もあり。

观览车、摩天轮　観覧車（かんらんしゃ）
車輪上のフレームの周囲にゴンドラを取り付け、低速で回転させることで、高所からの眺望を楽しめるようにした乗り物。中国の遊園地の観覧車は、日本企業が建造しているケースもある。

过山车　ジェットコースター
遊園地に設置されている絶叫ライドの1つ。実際にはジェットエンジンは使用されず、英語ではローラーコースター。中国では版権を無視したミッキー型コースターも存在する。

旋转木马　メリーゴーラウンド
回転する床の上に、床の回転に合わせて上下する座席を備えた遊園地の遊具。中国の遊園地では2階建てのゴージャスなメリーゴーラウンドが見られる。

飞椅　回転ブランコ
回転する軸を中心に円形に複数のブランコが吊り下げられた古典的な遊園地遊具。中国の回転ブランコに描かれているパクリキャラはディズニー、日本のアニメやゲームと多岐に渡る。

鬼屋　お化け屋敷
映像や音響、からくりで利用者に対し幽霊や怪物に対する恐怖を疑似体験させる娯楽施設。中国語で「鬼」とは「幽霊」を意味する。

👤 人物

习近平　習近平（しゅうきんぺい）
中華人民共和国の現国家主席。汚職官僚の取り締まりで一部の民衆からは人気がある模様。習近平政権のスローガンの「社会主義核心価値観」は公園にも掲げられている。

江泽民　江沢民（こうたくみん）
中華人民共和国の元国家主席。反日教育を行った事でも知られている。中国各地の観光地に江沢民の「題字」が書かれているケースもあり、自己顕示欲が強烈な人物である。

薄熙来（はくきらい）
太子党に属する中華人民共和国の政治家。大連市長時代に2099年の大連市長に宛てた手紙を書き大連労働公園に封印。その後、重慶市で辣腕を振るうも胡温派との権力闘争に敗れ失脚

金庸（きんよう）
中国で絶大の人気を誇る武侠小説の原作者。作風はあえて述べると山田風太郎の『忍法帳』シリーズに近い。金庸の原作の時代劇は影視城でよく撮影されている。

孙文　孫文（そんぶん）
中華民国の建国者。中国では一般的に孫中山と呼ばれる。彼の名前にちなんだ「中山公園」は中国各地にあり、パクリ遊具が設置されている例も多い。

🏛 政治・文化用語

社会主义核心价值观　社会主義核心価値観
富強、民主、文明、和諧（調和）、自由、平等、公正、法治、愛国、敬業、誠信、友善の24文字で構成される習近平政権のスローガン。中国の公園に掲げられていてもパクリキャラが溢れている現状からすると、「法治」の精神には抵触しない模様。

钓鱼岛　魚釣島（うおつりしま）
日本が実行支配している尖閣諸島。中国の遊園地ではプールに浮かべた巡視船型ラジコンボートで領有権を主張している。

山寨　山塞（さんさい）
本来は「山賊のすみか」の意味だったが、転じて「模倣・偽物・パクリ・ゲリラ」などを指す。

国家级旅游景区　国家級旅遊景区
（こっかきゅうりょゆうけいく）
中国の国家旅遊区はAAAAA以下5段階に分かれ、AAA級以上は、各省・自治区・直轄市旅游局の授権により、国家旅游景区質量等級評定委員会が「旅游景区質量等級的劃分与評定」に基づき認定される。最高ランクの5A級には世界遺産の故宮博物院も含まれている。中国では5A級のテーマパークも存在するが、園内でパクリキャラが目撃される例もある。

偽ディズニーランドとして有名な遊園地

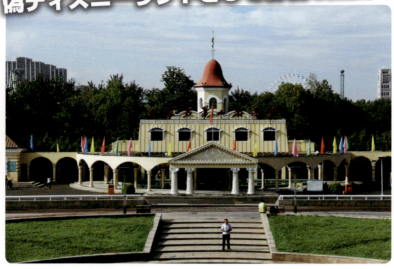

🏠 北京石景山遊楽園

読 ペキンせっけいざんゆうらくえん
簡 北京石景山游乐园
発 ベイジンシージンシャンヨウローユェン
📍 北京市石景山区石景山路 25-13
🚇 地下鉄1号線にて「八角游乐园」で下車
¥ 10元（約150円）（各アトラクション代は別料金）
📐 公式 HP では約 35 万平方メートル。
　 ウィキでは 33 万 8900 平方メートル
🕐 11月～3月　AM9：00~PM16：30
　　4月～10月　AM9：00～PM18：00
💻 http://www.bjsjsyly.com/

「偽ディズニーランド」として一時期、日本のマスコミを騒然とさせた北京石景山遊楽園は 1986 年に誕生した「国立遊園地」である。

　中国の観光地にはそれぞれランク付けがされていて、この遊園地は「国家 4A 級旅遊景区」である（パンフより）。最高ランクは国家 5A 級で、世界遺産である北京の故宮博物院などが該当する。全国先進遊楽園、北京市愛国主義教育基地、石景山区重点企業といった立派な肩書もあり、中国政府や北京市からもかなり期待されている遊園地の様だ。

　アクセスは北京地下鉄1号線の八角遊楽園から数 100m と非常に便利であり、8月の夏休みともなると、開園時間前のチケット売り場前に百人以上、並んでいた。入場料は 10 元（約150円）ととても安いからだろうか？（最近の中国の遊園

小人の口から中の人の顔が見えるので、手で隠している。

地は入場料金200元（約3000円）くらいするケースも少なくない）園内案内図に書かれたキャッチコピーは「Happy Healthy & High」なので、遊園地にも健康を求めるところに中国人の独特のセンスを感じる。

版権無視のパクリで有名になりすぎた為に各国から批判があり、パクリキャラも控えめになったかと思いきや、園内にはロジャーラビットやバッグス・バニーに似た等身大の人形が園内に設置されている。

サングラスをはめたヒマワリキャラの後ろには「作りたいものを作るのが一番だよ！　私達の遊園地は絶対に一流だよ!!」などといった、日本の遊園地ではありえないメッセージが書いてあったりするのも、見逃せない（逆に後ろめたいのだろうか？）。中国語にも「版権」という言葉は存在するが、北京石景山遊楽園だけ眺めて

ウサギの着ぐるみの足元はスニーカーでいいのか？

もあまり版権が守られているとは言えない。

　園内を練り歩くウサギ型の着ぐるみがどう見てもフツーの運動靴を履いていたり、白雪姫の七人の小人風の着ぐるみは口の部分からは中の人の顔が見えたりして違和感を覚える。しかし記念撮影をするお客さんも多く、安定の人気があるようだ。

　中国語ではマクドナルドは麦当劳(マイダンラオ)、KFCは肯徳基(ケンダージー)と表記されるのだが、麦肯基(マイケンジー)という二大ファーストフードチェーンの店名を足して2で割ったようないかにも中国らしいファーストフード店がある。北京石景山遊楽園においては「西餐店(RESTAURANT)」と表記された看板のファーストフード店があるのだが、店内でスタッフに確認するとなぜか麦肯基だった。北京でも数少ない店舗という現地情報あり。

暑いのはわかるが、中の人の顔がはっきり見える。

　中国の遊園地ではよく見られるのだが、同園のメリーゴーラウンドは2階建て。人口が多い中国ならではの特徴なのだろう。公式HPによると、メリーゴーラウンドと観覧車は北京市においては唯一のものである（しかしメリーゴーラウンドは北京朝陽公園にもあり、北京石景山遊楽園の観覧車は老朽化の為に運行していない）。

　シンデレラ城には6Dの映像体験ができるという触れ込みのXDシアターとお化け屋敷が2つあり、「奇幻城堡」はヘッドホンで聴覚的に恐怖を体感するタイプなのだが、筆者のお勧めは「シンデレラの冒険」だ。入口の外観は飛び出す絵本風で、このアトラクションにはシンデレラが森でカボチャの馬車の魔女を探すというオリジナルストーリーがあるそうだが、内部のライトの故障を疑うくらいの光量不足。

　フラッシュ撮影すると、かわいらしいぬ

ディズニーキャラっぽいが、何かが変だ。

バッグス・バニーにリボンをつけただけ?

いぐるみが無造作に配置されているが、よくよく見るとメンテナンス不足で、ほこりが積もりまくって不気味な雰囲気を醸し出している。E.T.のぬいぐるみがなぜ置いてあるの?など疑問は山のようにあり、正直、理解できない。

　園内にはUSJのサメのようなオブジェもあるが、遊具や造形物を観察すると、日本人では考え付かないような奇抜なデザインに驚かされる。

　東京ディズニーランドの敷地面積51万平方メートルと比べて、北京石景山遊楽園の敷地面積は約35万平方メートルなので割と広く感じるが、絶対に一流の遊園地とは思えないくらい、園内には雑草伸び放題の場所も散見される。かと思えば、「童話漫遊」という小さなボードに乗る遊具の敷地内ではネギやカボチャを栽培していた。収穫した野菜はスタッフがおいしくいただ

くのだろうか。日本の遊園地の常識が通じない特徴ばかりで非常に困惑させられる。

気になるパクリキャラだが、くまのプーさんやポパイ、ベティちゃんも目撃したが、版権的に一番問題なのは回転ブランコだ。懐かしのゲーム『サクラ大戦』の真宮寺さくら、『ぬらりひょんの孫』、初音ミク、アニメやゲームの美少女キャラなどのイラストがふんだんに描かれている。このような版権を一切考慮しない回転ブランコは中国の遊園地では頻繁に目撃される。

ツッコミどころだらけ、いや、むしろツッコミどころしかない北京石景山遊楽園だが、最大の謎はこの遊園地はホントに国家4A級旅遊景区なのだろうか？という事だ。ただ、百度百科によると年間170万人くらいの来園者がいるそうなので、間違いなく北京市民に愛されている遊園地である。

「ジョーンズの探検」という名前の遊具。

入口のドアが安物っぽいのはなぜなのか？

マクドナルドとKFCを足して2で割った店名の麦肯基。

作りたいものを作る。俺たちの遊園地は絶対一流と表記。

スペース・アドベンチャーという名前の遊具。

この像の下の池はゴミだらけだった。

掃除がされていない。館内の人形には埃が積もったままだ。

スナフキンではないはず。

廃墟のように埃だらけの人形。

遊園地で農作物を栽培している

映画『バグズ・ライフ』のハイムリックのパクリ。

中国の遊園地はパクリキャラだらけの遊具が多い。

どうやら初音ミクのようだ。

遊具「金剛魔輪」の類似品は新疆にもある。

馬に乗るアニキのはだけた胸には刺青が彫られていた。　明らかにユニバーサルスタジオのパクリ。

外観と中身が伴っていないシンデレラ城。

元・北京オリンピック会場で繰り広げられるパクリキャラの祭典

🏠 北京朝陽公園

- 読 ペキンちょうようこうえん
- 簡 北京朝阳公园
- 発 ベイジンチャオヤンゴンユェン
- A Beijing Sun Park もしくは Chaoyang Park
- 📍 北京市朝阳区朝阳公园南路1号
- 🚌 朝陽公園南大門：976、406、305路といった多数の路線バスあり。朝陽公園西門：地下鉄14号線「枣营」で下車
- ↗ 約288万平方メートル
- ¥ 5元（約75円）
- 🕐 夏季　06：00～22：00
- 　　冬季　06：00～21：00
- 🌐 http://www.sun-park.com/

　北京朝陽公園は1984年に水碓子公園(すいたいしこうえん)として開園し、1992年に現在の名称となる。南北に約2.8km、東西に約1.5km、総面積約288万平方メートルと北京四環路内では最大の都市公園である。

　1999年に当時の国家主席だった江沢民が公園の題字を書き、2008年には北京オリンピックのビーチバレーの会場として使用され、広大な園内の一部にビーチテーマパークが設置されている。また敷地内には索尼探梦（ソニーの科学技術館）や婚礼堂といった様々な施設がある国家4A級旅遊景区なのだが、入園料5元（約75円）とリーズナブルな点は評価したい。

　南大門入ってすぐ目に入るのは習近平政権が国民に植え付けようとしている「社会主義核心価値観」のスローガンの24文字だ。内容は「富強、民主、文明、和諧(済和)、自由、平等、公正、法治、愛国、敬業、誠信、友

西門は地下鉄14号線「棗営」駅出口の目の前。

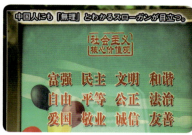
中国人にも「無理」とわかるスローガンが目立つ。

富強・民主・文明・和諧（調和）

銃器と爆竹の持ち込み禁止って……

善」となっているが、1949年に建国された国家の目標としては今後も実現不可能な項目が多いと思うのは筆者だけではないはずだ。そもそも「法治」できていないので、園内の遊園地区画に版権無視のパクリキャラで溢れている現状はとても中国らしい。

最近の日本の公園では禁止事項が増えすぎて公園の存在意義が問われるのだが、北京朝陽公園の禁止事項のイラストでの説明では自転車の乗り入れ・草花の採取・柵を越える・車両進入・ゴミ捨て・騒音・遊泳・ボール遊び・銃器の持ち込み・ペット持ち込み・爆竹・たき火となっている。こういった禁止事項でもお国柄は出るもので、中国のおばちゃんがBGMの爆音を轟かせながら踊る「広場舞」も禁止されていてもおかしくない。しかし犬の散歩くらいは許してほしいところだ。

人間、暑い時期には肌の露出面積が増え

へそ出しルックのおじさん。

トップレスの男性。妻と思われる女性は気にも留めない。

七人の小人の後ろの女性は誰なのか？

ディズニープリンセスてんこ盛りの遊具。

る。8月の北京朝陽公園では「へそ出しルック」を頻繁に目にしたが、そのほとんどがTシャツを胸までまくりあげた腹の突き出たおっさんだ（女性は一人だけ目撃）。一緒に行動している女性もそのだらしない姿をたしなめる事はない。それどころか遊園地のスタッフでも「トップレス」の男性もいて、園内の禁止事項ではないが国家目標のスローガンに「文明」と表記されているのも理解できる。

　招き猫は日本が発祥なのだが、現在では中国の街角でも見られ、中国人の好みが反映されてほとんどが金色だ。園内には馬蹄金型の回転遊具があり、なぜか金色の招き猫の飾りが遊具に設置されている。

　気になるパクリキャラだが、北京石景山遊楽園よりも多い。回転ブランコのイラストは珍しく鳥類で統一されていると思いきや、稼働中は『トイ・ストーリー』のバズ・

「星際旅行」はわりと新しい遊具のようだ。

ライトイヤーのイラストが出現する。
　水上を回転する遊具には小さなバスケットボールのゴールがあり、バックボードにはキティちゃんやスヌーピーのイラストが描かれている。メリーゴーラウンドには『名探偵コナン』『エヴァンゲリオン』『幽☆遊☆白書』『機動戦艦ナデシコ』といった日本のアニメ作品のイラスト（かなり退色しているのが多い）でまとめられていて、国是として反日教育を施している中国の遊具施設とは信じられない。
　日本の漫画『ゴン』は登場キャラが一匹の恐竜「ゴン」と動物のみでセリフがないのが特徴なので、言語が通じない海外でも楽しめる作品だ。ドラえもんの姿は中国の遊園地では普遍的に存在するが、しかし同園内でネットから適当にパクったゴンのイラストやオブジェを発見するとは予想外で珍しいケースだ。園内の射的ゲームの景品

スティッチは遊具利用者に対してたまに放水する。

エヴァンゲリオン初号機っぽい。

90年代のアニメ『機動戦艦ナデシコ』のホシノ・ルリ。

パクリキャラとしてはレアなゴン。

「仕事を選ばない」ことで有名なキティちゃん。

ミニオンズ×チョッパー!!

バズ・ライトイヤーは回転ブランコの稼働時に出現。

なぜ招き猫を遊具に設置するのか？

にはミニオンズの頭に『ONE PIECE』のチョッパーの帽子をかぶせたぬいぐるみも見かけたが、日本でも別々の作品のキャラの特徴を合体させたグッズが販売されているのを彷彿させる。

　北京朝陽公園で最も多く見られるパクリはディズニーキャラであろう。ディズニープリンセスのイラストてんこ盛りの遊具、脱力感漂う手描きのリトルマーメイド、案外正規品かも？というクオリティのミッキー＆ミニーのオブジェ、七人の小人の後ろの女性が白雪姫とはまったくの別人だが、深く考えないようにしたい。

　しかし一番わけがわからないのは、「星際旅行」という回転遊具である。エヴァンゲリオン初号機のようなクリーチャーの周辺をライドが飛行するのだが、なぜか柵の外にはスペースシップ？に搭乗した８体のスティッチ（ディズニー作品のキャラ）

手が描かれていないリトルマーメイド。文字通り手抜き。

が取り囲んでいる。どういうコンセプトの遊具なのだろうか？ 筆者は同型の遊具を広西チワン族自治区、雲南省でも発見している。

　エジプトの古代遺跡風のお化け屋敷・木乃伊大鬼城(ミイラ)に入ってみたが、入口からいきなり西洋の魔女が現れるくらいなので、内部にはエジプト要素はほぼ皆無。中国のお化け屋敷は外観と中身の関連が意味不明なケースが多いのだが、こちらは珍しくミイラを2体発見。もう一つあるお化け屋敷の古堡惊魂の方がより刺激的だ。

　北京朝陽公園は大都会の中でも広大な緑地面積で落ち着ける雰囲気が魅力的だが、遊園地エリアは中国らしくパクリキャラの祭典が繰り広げられている。

外観はエジプトらしいお化け屋敷の木乃伊大鬼城。

古堡惊魂はライドに乗るタイプのお化け屋敷だ。

お化け屋敷の「古堡惊魂」のスタイルは西洋風に統一。

木乃伊大鬼城の数少ないエジプト要素。

木乃伊大鬼城の内容にはいまいち統一感がない。

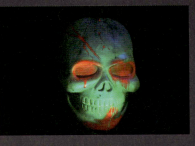

機関車トーマスもどき。

「戦火金剛」は最近の中国各地で人気の遊具だ。

広大な公園なので、探索には体力が必要。

巨大なテントウムシ型トイレ。

意外と日本は注目されている？
アジア最大のミニチュアパーク

🏠 北京世界公園

読 ペキンせかいこうえん
簡 北京世界公园
発 ベイジンシィジエゴンユェン
A Beijing World Park
📍 北京市豊台区花乡豊葆路158号
🚇 地下鉄9号線から地下鉄房山線に乗り換え、「大葆台」で下車
↗ 約47万平方メートル
¥ 100元（約1500円）
🕘 4月〜10月　08:00〜17:30
　 11月〜3月　08:00〜17:00
🔗 http://www.beijingworldpark.cn/
（日本語の解説もあるが、翻訳ミスの連発）

　北京世界公園は北京市の豊台区政府と地元花郷の郷政府が1.5億元（約22.5億円）共同投資して世界の40ヶ国、109ヶ所の遺跡や有名建築をミニチュアで再現した国家4A級旅遊景区のテーマパークである。栃木県の鬼怒川にある東武スクエアワールドと同じコンセプトで、偶然だが両方とも1993年に開園している。

　公式HPの公園概況を中国語だけでなく英語、ロシア語、日本語でも説明しているのは立派だが、「正式に遊び人者向けに開放」といった誤訳による奇妙な日本語がおかしい。公式HPでも紹介されているが、西洋の城門風の入場ゲートには開園時に「世界公園」と題字を書いた江沢民元国家主席の名前が表記されている。江沢民は中国各地の観光地でも題字と自分の名前を残しているが、このような行為は中国人が観光地の壁や柱に自分の名前を落書きする

見ていてハラハラする光景だ。

メンタリティと同じなのだろう。

　入場料金100元（約1500円）を支払い、敷地面積約47万平方メートルと広大な園内に足を踏み入れて最初に驚いたのは、象の鼻に持ち上げられた児童を父親が記念撮影する光景だ。人間が象の背中に乗るというなら理解できるが、何かトラブルが起きないか心配だ。

　入場ゲート近くに広がるヨーロッパ風庭園のイタリア地図というスポットでは新婚夫婦とカメラマンがウェディングフォトを撮影していた。中国は独自の文化を持ち、歴史も長い国ではあるが、日本人の想像以上に中国人の西洋文明への憧れが強い。その為だろうか、ヨーロッパの雰囲気を醸し出す観光地は絶好のウェディングフォト・スポットとなり、一生の思い出とばかり結婚記念の撮影にかける中国人の執念は日本人には多少奇異に映る。

中国人のウェディングフォトにかける情熱は凄い！

「世界公園」の題字は江沢民によって書かれた。

トロイの木馬。

　園内には日本の建造物として桂離宮と五重塔が展示されている。本物の桂離宮は予約なしでは見学できないが、北京世界公園の桂離宮は堂々と中に入れて夏はエアコンが作動していた。和服をレンタルして撮影することも可能で、ネット情報では韓国の服も着用できるとのこと。中国の観光地ではレンタル衣装を着用して撮影させる商売が多く、来園者の女性が着物姿で撮影しているのはいいのだが、スタッフはもう少し正しい着付けを教えてあげてほしい。

　韓国や北朝鮮など隣国の建造物のレプリカは存在しない一方で、日本の建造物は2ヶ所もあり、中国人にとって日本の文化は存在感がある様だ。

　アジア圏では中国の万里の長城、敦煌の莫高窟、インドのタージ・マハル、インドネシアのボロブドゥール遺跡などのレプリカ、オセアニアの建造物はオーストラリア

桂離宮と五重塔。

予約なしで入れる桂離宮。

のオペラハウス、南アメリカのチリのイースター島のモアイのレプリカが展示。アフリカ圏では中国人にも人気のあるエジプトのピラミッドやスフィンクス、アブ・シンベル神殿だけでなく、実物が残っていないアレクサンドリアの大灯台のレプリカもあり。

　ヨーロッパからはエッフェル塔、凱旋門、パルテノン神殿、ピサの斜塔といった有名建築のミニチュアが並ぶ。中国人の憧れが最も反映されているのだろうか、アメリカの物件が一番多いことに気付く。ホワイトハウス、国会議事堂、ゴールデンゲートブリッジなどは近寄って撮影することも可能だが、ニューヨークのマンハッタン島のレプリカに上陸できないのは惜しい。島内の高層ビル群の中には9.11で倒壊した世界貿易センタービルも屹立しているが、全体的に経年劣化している。

　北京世界公園には年間150万人前後の来場者がいるのだが、ショッピングエリアの国際街はほとんど廃墟化していたので、何とかしていただきたい。

イシュタル門のレプリカ。

タイの王宮・ワットプラケオのレプリカ。

アンコール・ワットのレプリカは近くで見るとボロイ。

ウェディングフォトの撮影中！

アレクサンドリアの大灯台の実物は現存していない。

マンハッタン島には上陸できない。

凱旋門のレプリカは中国各地で見られる。

ノイシュバンシュタイン城のレプリカの完成度は高い。

コロッセオの中は草だらけ。

河北美術学院

読 かほくびじゅつがくいん
発 フェァベイメイシュシュェユェン
A Hebei Academy of Fine Arts
📍 河北省石家庄市空港工业园区北环港路111号
🚉 石家庄市内の「运河桥客运站」（運河橋バスターミナル）から「新乐」（新楽）行のバスに乗り約1時間。「新乐」（新楽）バスターミナルからタクシーで5分以内。
↗ 約74万平方メートル
¥ なし
🕐 いつでも入れると思われる
💻 http://www.hbafa.com（校園3D街景体験で校内の3Dの様子をチェックできる）

山塞版(パクリ)『ハリー・ポッター』のホグワーツ魔法魔術学校

この時計台が「ハリー・ポッター」のホグワーツのパクリ。

　河北省の石家庄市の北部にある河北美術学院は1986年に石家庄燕趙中等美術学校として創建され、2011年に現在の美術大学となる。学部としては造形芸術学院、城市設計学院、メディア学院、環境芸術学院、動画学院、工業設計学院、彫像学院などがあり、2015年の時点では400名以上の教員のうち、外国籍の講師は英国籍1名、日本国籍26名、フランス国籍2名、韓国籍1名が教鞭を執っている。

　また、日本の京都大学、明治大学、イギリスのベッドフォードシャー大学など、外国の教育機関とも交流があり、これらの特徴から考慮するとまともな美術大学と思われるかもしれないが、河北美術学院が国際的に有名になったのは2014年5月に映画『ハリー・ポッター』のホグワーツ魔法魔術学校を彷彿とさせる校舎が登場したからである。中国語で「山塞」とは山賊の住処を示す言葉なのだが、現在ではパクリ、模倣品といった意味もあり、美術学校が山塞でいいのか？といった批判に当然、さらされる。しかし学校側からの回答によると、問題の校舎の名前は「シンデレラ城」であると述べ、欧州のゴシック建築をベースにしているが模倣ではなく、学生にすばらしい環境で学んでもらうのが目的であると説明。

　筆者は2014年8月に訪問したのだが、河北美術学院の北側の校舎は西洋の城のような尖塔がそびえ立ち、窓にはギリシャ風彫刻が配置されていた。訪問時は校区のほぼ全体が工事中であったものの、特に関係者以外立ち入り禁止ではなく、敷地に入ることができた。校内の歩道やシンデレラ城には生徒の作品らしいギリシャ風彫刻が並んでいたが、異様な雰囲気を醸し出してい

た。ホグワーツっぽい時計台も真下から撮影してからシンデレラ城内に入ろうとしたら、さすがに工事関係者に停められた。しかし部外者が工事現場に入れるだけでも問題だ。

　シンデレラ城だけで投資額が24億元（約360億円）、河北美術学院の動漫城項目の建物で、信じられないことに河北省における30の重点計画建設の文化産業項目にも挙げられている。観察すると立派な装飾なのだが、シンデレラ城の目の前にある中国石油のガソリンスタンドが景観を見事にぶち壊している。河北美術学院の完成予想図からすると、教会やピラミッド、モスクも建設してテーマパークのような大学になると思いきや、校訓は「自信自立、敢為人先」となっているので山寨デザインの建築はやめた方がいい。

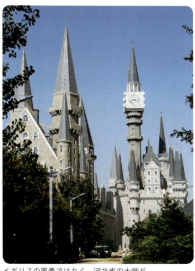
イギリスの風景ではなく、河北省の大学だ。

テーマパークの建物よりも建築費が高いかも？

城壁を見上げると多くの影像が並んでいる。

作業員の家族と思われる。児童が工事現場にいていいのか？

意外と完成度は高い彫像。

まだ午前中だが、うなだれる作業員。

工事現場に部外者がここまで入れる緩い管理体制に驚愕！

土やゴミが高く積もっている。

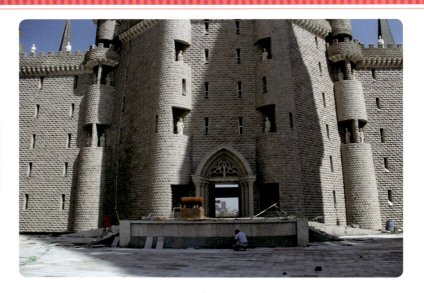

校舎前のガソリンスタンドが景観をぶち壊している。

『ハリー・ポッター』の作者のＪ・Ｋ・ローリングも仰天⁈

エジプト政府も激怒！
実物大の偽スフィンクス顛末記

🏛 石家庄新長城国際影視城

読 せっかしょうしんちょうじょうこくさいえいしじょう
簡 石家庄新长城国际影视城
発 シージアジュアンシンチャンチョングォジーインシーチャン
A Shijiazhuang New Great Wall International Studio
📍 河北省石家庄市鹿泉区上庄鎮洞溝村山前大道
🚉 西王客运站（バスターミナル）から304路のバスに乗り「洞溝村」で下車。タクシーをチャーターして行った方が便利
📐 約5000平方メートル
¥ 10元（約150円）
🕐 不明
🏪 特になし

残念ながら偽スフィンクスは撤去……。

福建省の土楼を模した建物と思われる。

　河北省の石家庄市にある映画撮影セット兼観光地の石家庄新長城国際影視城は2014年5月に高さ約20m、全長約60mとほぼ実物大のスフィンクスを建造したことでネット上でも有名になる。
　スフィンクスも中国においては北京世界公園など各地の観光地で見られるのだが、さすがにこの偽スフィンクスにはエジプト政府も激怒！　エジプト文化財部門は偽スフィンクスが世界遺産条約に違反したとしてユネスコにクレームを出し、建設した長城影視集団側は「映画の撮影用」と説明し、撤去すると回答。
　筆者は2014年の8月に訪問したのだが、全体的にまだ工事が終わっていないので入場無料という状態であった。偽スフィンクスは鉄筋コンクリートの周辺をセメントで固めて塗料で仕上げ、本物同様に鼻が欠けている点も再現している。しかしボ

ディには本物にないはずの複数の扉が存在し、右側には集落と壁があり、内部は建設中で宮殿にするというオリジナル仕様。

偽スフィンクス前の屋台のおじさんに今後の展開を質問したところ、「しっかり保存するよ！」と回答され、この時点ではすでに有名なスターが訪問してドラマを撮影したとのこと。どういった内容なのか、逆に観てみたい。

敷地内では福建省の土楼っぽい建造物があり、本物は土と木で建造されているが、こちらではレンガやコンクリートで建築中。河北省石家庄市から山西省太原市まで高速鉄道で移動中、車窓から偽スフィンクスや土楼も眺められたが、非常にシュールな光景だ。

石家庄新長城国際影視城は『隋唐英雄5』『布袋和尚新伝』などのテレビドラマの撮影ロケ地となり、5000平方メート

すぐ近くを高速鉄道が走行している。

モンゴルのゲルもあるが、撮影用なのだろうか？

前衛芸術作品のような建造物。

映画の大道具や攻城兵器が無造作に並んでいた。

ルの敷地内には秦漢街といった昔の街並みを再現しているのは問題ないのだろうが、報道番組の『ワイド！スクランブル』で2015年10月に放映された映像に偽スフィンクスの前にフランスのルーヴル美術館にあるガラス張りのルーヴル・ピラミッドの偽物が現れた。

さらに2015年末には北京の天壇とアメリカのホワイトハウスを半分にして合体したような建造物まで登場し、たかが一企業の営利目的の行為が国際問題にまで発展しようとしている点がいかにも中国らしい。結局、2016年4月に偽スフィンクスは撤去されてしまったが、長城影視集団がこの件で反省しているとは思われないので、筆者としては新種の炎上商法のような長城影視集団の今後の山塞(パクリ)建築に期待したい。

偽スフィンクスの謎の扉。

絶句！遊園地のパクリキャラのイラスト!!

　日本の月刊漫画誌『ウルトラジャンプ』に中国人の漫画家・夏達の描く『長歌行』という作品が連載されていたが、女性漫画家らしく繊細なタッチで画力が高い。中国人の芸術的感性・美的感覚が日本人よりも劣っているとは思わないが、遊園地について述べれば事情が異なる。遊園地に子供が喜びそうなキャラクターを描くのは、方向性としては正しい。

　しかし中国の遊園地の場合、既存のキャラをパクって手描きにするとオリジナルよりも大幅に劣化することが多く、原作のファンならば絶句することだろう。そんなパクリキャラのイラストがある光景に出くわすと、筆者はテンションが高くなり嬉々として撮影している。また、回転ブランコやメリーゴーラウンドに注目するとネットから適当にパクったイラストも多く目撃され、キャラクターの統一感がないと遊具としてのコンセプトが理解不能になるケースもある。

ボーカロイドの初音ミクも中国で人気があるようだ。
撮影場所：北京石景山遊楽園

人見知りが激しい子供でも笑いそうな情けない顔の機関車トーマス。撮影場所：北京朝陽公園

90年代前半の名作『幽☆遊☆白書』からは女性に人気の高いキャラの飛影と蔵馬が登場。
撮影場所：北京朝陽公園

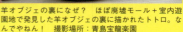
羊オブジェの裏になぜ？　ほぼ廃墟モール＋室内遊園地で発見した羊オブジェの裏に描かれたトトロ。なんでやねん！　撮影場所：青島宝龍楽園

僻地の遊園地でもパクリイラストが……吉林省の敦化市は北朝鮮とも近く、辺境と言っても過言ではない。しかし小さな遊園地でもスーパーマリオとヨッシーを発見！撮影場所：敦化市北山公園

個性が強すぎるキャラの組み合わせってありなのか？メリーゴーラウンドの天井にはミッキーとドナルド、飾り部分には中国産アニメの『熊出没』のキャラが描かれている。これほど個性が強すぎる別作品のキャラの組み合わせって、不協和音にしか感じられないのだが。撮影場所：ハルビン児童公園

マヌケキャラの詰め合わせ　かろうじてオリジナルの原型を留めている状態で、ゆるキャラではなくマヌケキャラになっている。撮影場所：北京朝陽公園

バスケットボールのゲームには、『スラムダンク』のイラストが描かれていた。懐かしすぎてタイムスリップしたかと錯覚。撮影場所：ハルビン文化公園

姫の表情に脱力！ ディズニープリンセスのはずなのに、やたらとおばちゃんっぽい表情の白雪姫。
撮影場所：ハルビン文化公園

中国でも大人気の『名探偵コナン』。退色具合が気になるので、イラストを取り替えてほしい。
撮影場所：兆麟公園

通常、弓は左手に持ち矢を右手でつがえる。逆にしても弓を使いこなせる『もののけ姫』のアシタカは凄い！
撮影場所：兆麟公園

ちょっとセクシーすぎませんか？ 遊園地の遊具にこれは……誰か止めようとしなかったのか？
撮影場所：星海公園

『トムとジェリー』のトムのはず。撮影場所：龍華歓楽園

版権にうるさいディズニーですら見逃しそうな微妙なクオリティのミッキー＆ミニーもどき。
撮影場所：大連労働公園

廃墟になった国家 4A 級景区の超大型室内テーマパーク

🏠 青島宝龍楽園

- 読 チンタオほうりゅうらくえん
- 簡 青岛宝龙乐园
- 発 チンダオバオロンローユェン
- A Qingdao Powerland
- 📍 青岛城阳区文阳路 269 号宝龙城市广场
- 🚐 青島流亭国際空港からタクシーで行くことを勧める
- 📐 約 5 万平方メートル
- ¥ 無料
- 🕐 そもそも営業していない
- 🔗 http://baolongleyuan.com/　現在は開かない

　山東省の青島市郊外にある青島宝龍楽園は超大型室内テーマパークとして2009年9月30日に開園。宝龍地産という中国では有名な不動産会社が25億元（約375億円）投資した大型ショッピングモールの「青島城陽宝龍城市広場」の建築面積70万平方メートルの内、5万平方メートルが青島宝龍楽園の敷地である。

　青島宝龍楽園はアメリカのユニバーサルスタジオを設計したカナダのForrec社がデザインした『カリブの海賊』をイメージしたテーマパークなのだが……。地理的に近いのか、韓国のロッテマートや中国の家電メーカーの蘇寧電器、シェラトンホテル、中影影城（映画館）など錚々たる顔ぶれの企業がテナントに入っていたが、数年後には撤退し、2013年の時点ではこの遊園地も営業していなかったとのこと。

　ショッピングモールの地下1階にある

かろうじて営業中のテナントがある区画。

青島宝龍楽園は地上3階分の吹き抜けとドーム型のガラス屋根から差し込む光で室内テーマパークとは思えないくらい明るいのだが、埃が積もった廃墟というのが荘厳かつ不気味だ。地下1階の空きテナントの壁にはびっしりとドラえもんのイラストが貼られ、韓国のメーカーの空きテナントが目立つのも特徴だ。

　地元住人らしき親子連れや若者グループの散歩風景、追いかけっこをしている児童を目撃したのだが、誰も止めない。

　スプラッシュ系ライドの水も絶望的に淀んでいるし、日本の廃墟遊園地なら立入禁止にするレベルと思われる。筆者は2016年に訪問したのだが、廃墟モールと呼んでも差し支えない状態なのに、まだ営業している飲食店や衣料店、スポーツジムがほんの少しあって驚いた。調べてみると、こういったお店のオーナーはテナント

天井から陽光が照らす明るい屋内廃墟遊園地。

親子で廃墟遊園地を散歩している光景。

がんばって営業している開心楽園。

開心楽園の稼働している遊具。

料を払っていないそうだが、そもそも客が来ないので生活が苦しいとのこと。

　それどころか開心楽園という小さな室内遊園地が営業していたりして、日本人の経営者なら進出しないであろう物件で商売する中国人の根性に驚愕した。

　最近の中国人もネットで買い物をする人が増えてきて、ショッピングモールも競争に負けると廃墟になる。しかし青島宝龍楽園の場合はあきらかに立地が問題だ。

　青島流亭国際空港からタクシーで10分くらいの距離だが、青島市の中心部から約35kmという辺鄙な立地が祟ったのか、たとえ国家4A級景区のテーマパークであっても、潰れるものは潰れる。

淀んだ水が広がる。

まさか廃墟遊園地になっていたとは、想定外だ。

空きテナントにドラえもんの壁紙を貼ると不気味さが増大。

週刊ゴロゴロを読むドラえもん。

かつてはボードが浮かぶくらい水位があったはず。

エスカレーターは全て停止。

屋内の運河？の水はほぼ干上がっている。

かつては青島神社の境内だった
児童公園のパクリは控えめ

🏠 青島市貯水山
児童公園

読 チンタオしちょすいざんじどうこうえん
簡 青岛市贮水山儿童公园
発 チンダオシーヂュシュイシャンアルトンゴンユェン
A Qingdao Children's Park
📍 山东省青岛市市北区辽宁路280号
🚌 2路，5路，21路，24路，209路，211路の路線バスで「科技站」にて下車。4路，205路，212路等の路線バスで「少年宫」にて下車。
↗ 約18万平方メートル
¥ 無料
🕐 24時間開放（児童新天地の営業は毎週火曜日〜日曜日の09:30〜17:00まで）。
🍴 特になし

山東省青島市の貯水山の旧称は馬鞍山で、明朝初期には烽火台（烽煙台）が設置されていたが、1897年に青島がドイツに占領された際にドイツ帝国軍のモルトケ参謀総長にちなんでモルトケ山と呼ばれる。日本軍が占領していた時代には若鶴山、大廟山などと呼ばれ、かつては青島神社も存在していた。1922年に北京政府（北洋軍閥政府）が青島を支配下に置き、山上に貯水池がある為に名称は貯水山と定まる。

戦後、青島神社は忠烈祠に変化し、中国の建国後の1956年に貯水山公園となり、1986年に現在の青島市貯水山児童公園と定まり、地元住民の憩いの場として年間60万人に利用される公園となる。

遼寧路側の入口には最近の中国のスローガン・社会主義核心価値観が掲げられている。内容は富強・民主・文明・和諧（調和）・自由・平等・公正・法治・愛国・敬業・誠

映画『バグズ・ライフ』のハイムリックなのか？

信・友善となっていて、日本から逆輸入された言葉がほとんどで日本人でも理解しやすいが、全体的に実現不可能な日本の政権公約っぽいと言える。建国してから何十年も経過している国の目標のひとつが「法治」ということは、今までどのように中国を統治していたのか？共産党員は疑問に思うべきだろう。

夕方ともなると、園内には犬の散歩をしている住民が目立つ。以前は中国のペットの犬といえばペキニーズが多かったが、最近は犬種も増えてトイプードルが一番人気のようだ。

園内に児童新天地という名前の小規模な遊園地があるのだが、スイカの形状をした入口で見かけたイモムシはディズニー映画『バグズ・ライフ』に登場するハイムリックに似ていた。児童新天地内には2階建てのメリーゴーラウンドも設置されていた

夜間になると恐怖感5割増しの樹のオブジェ。

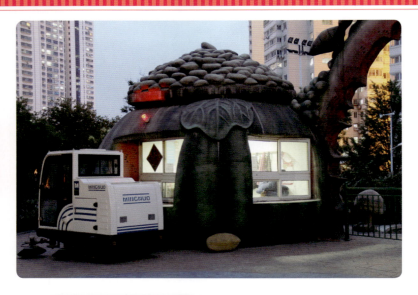

　が、パクリキャラのイラストが見当たらず。小型の遊具・バイキングでは『ONE PIECE』のロゴを発見したり、『くまのプーさん』や『ミニオンズ』、ディズニープリンセス、『トランスフォーマー』などのネットから適当にパクッたイラストが各所に描かれていたりしたが、中国の児童公園にしてはこれでもパクリキャラが比較的少ないと言える。

　日本では考えられないのだが、中国の児童公園の場合、パクリキャラの巣窟になっている確率が高い（後述のハルビン児童公園などを参照）。社会主義核心価値観の目標のひとつが「法治」となっているくらいなので、中国人には社会的なルールを守ろうという順法精神に乏しく、著作権や版権もいかに無視されているかが理解できる。

ディズニープリンセスも登場！

この辺は青島神社の元・参道のようだ。

大仏のご尊顔のモデルを遊園地の創業者にした結果

🏠 龍華歓楽園

- 読 りゅうかかんらくえん
- 簡 龙华欢乐园（洛阳龙华欢乐园）
- 発 ロンホワファンローユェン
- 📍 洛偃快速通道与 207 国道交叉口向西 800 米路北（偃师市高龙镇高崖村）
- 🚌 洛陽市内からタクシーをチャーターする。価格は要交渉
- ↗ 約 25 万平方メートル
- ¥ 98 元（約 1470 円）
- 🕘 ＡＭ９：３０〜ＰＭ17：30
  ＡＭ17：30〜22：00
- 🔗 http://www.lhhly.com/index.php

河南省の古都・洛陽市の郊外にある龍華歓楽園は 2012 年にテスト開園。アクセスは不便の一言で、近くまで行ける公共交通機関はない。洛陽市内から出発するシャトルバスも存在するのだが、本数が少ないので、洛陽駅から片道 50 分くらいかかるがタクシーをチャーターして行くのがお勧め。来場者は自家用車もしくはツアーバスで訪問するのが一般的なのだろう。総投資額約 3 億元（約 45 億円）、25 万平方メートルの敷地内には陸地楽園、水上楽園、レジャー農業区（休閑度假生态农业区）、温泉付きホテル（多功能酒店温泉区）といったエリアに分けられる。

入場料 98 元（約 1470 円）を支払い中に入ってみると、予想どおり USA アニメキャラのパクリで溢れていた。『トムとジェリー』のジェリー型コースター、ディズニーキャラのイラスト満載の回転ブラン

コの上には子供が泣き出すレベルで邪悪な表情の『カンフー・パンダ』のボーやプールではミニーマウスが「禁止潜水」と看板を掲げているが、版権についてはいっさい無視。園内の壁もミッキー＆ミニーの手描きイラストが多く、中国人のディズニー愛をとても感じる。

　この遊園地が中国のマスコミを仰天させたのは、2013年に建立された「オールバック弥勒菩薩像」である。台座を含めてなのだろうが、高さ約30mの弥勒菩薩はでっぷりとしたお腹を突き出した大仏だったが、ご尊顔を創業者のシン氏を模したものにしたため、マスコミやネットに「成金趣味」と叩かれ、龍がヒョウタンを囲む「九龍宝瓶」という巨大なオブジェにデザインが変更されてしまった。

　ただ、園内を注意深く探索すると、創業者のご尊顔は「励志堂」という建物に残っていて、地元・偃師高龍鎮の農民出身の創業者は苦労を重ねてこの地に遊園地を建設したと記されている。どうりでアクセスが不便なわけだ……。一応、龍のようなオリジナルキャラも存在するようだが、公式HPまでディズニーキャラだらけというのはいかがなものだろうか？

　最近の中国の遊園地での流行りは「巨大プール」だ。駐車場の数台の観光バスから降りる集団を観察すると、水着や浮き輪を持っていたので、目当ては「水上楽園」のようだ。6000万元（約9億円）くらい投資して建設しただけあって、「水上楽園」のウォータースライダーや流水プールは夏場なら高い集客率を見込めると判断した。

九龍宝瓶の裏側。

大仏様から頭部が撤去されたのは非常に残念。

創業者のシン氏像の頭部。

大仏様のボディラインの面影が残る九龍宝瓶。

この遊園地では日本産アニメキャラは目撃されなかった。

潜水は禁止でもキャラのパクリはいいのか？

園内オリジナルキャラのようだが、不気味だ。

邪悪な表情の『カンフー・パンダ』の主人公・ポーもどき。

お化け屋敷の幽霊谷。内容はかなりチープと予想される。

児童向けのアスレチックフィールドは閉鎖されていた。

山西省の抗日テーマパークで愛国主義教育

🏠 八路軍文化園

📖 はちろぐんぶんかえん
🈳 八路军文化园
🗣 バールージュンウェンホワユェン
📍 山西省长治市武乡县太行西街
🚌 武郷駅から1路のバスで農業銀行下車、徒歩5分。武郷客運中心（バスターミナル）から2路のバスに乗る
↗ 約15万平方メートル
¥ 90元（約1350円）
🕘 AM 09：00〜PM18：00
🌐 https://www.8route.com/
（公式ＰＶでは上記のHPの表示があったものの、現在はなぜか閲覧不可）

八路軍文化園は2011年に開園した国家4A級旅遊景区の抗日テーマパークである。八路軍とは日中戦争の際に華北方面で活動した中国共産党軍（紅軍）の通称で、現在の人民解放軍の前身のひとつであり、山西省長治市武郷県にかつては八路軍の総本部が設置されていた為に2億元（約30億円）以上の投資をして建設される。

園内の看板には八路軍文化園は「全国愛国主義教育基地」「全国廉政教育基地」「全国八路軍文化体験式教育基地」といった称号が表記されていた。

筆者訪問時は山西省の世界遺産・平遥からバスで約2時間移動して武郷SAで下車、タクシーで5分くらい移動して到着。入口には刀を持った両手の巨大なオブジェ、八路軍の「八」の字を表現した2本の小銃のゲートをくぐると広場に設置された日本軍の戦車に手りゅう弾を投げ込も

入口の刀と小銃が物騒な雰囲気を醸し出している。

うとする八路軍兵士の銅像などがあり、これだけで明確な政治的意図に基づいて建設されたテーマパークであると理解できる。入場ゲートから奥へ続く勝利大道には抗日戦争の物語にちなんだ銅像が多数設置されているが、とても写実的に作られている。北朝鮮でも立派な銅像を建てて国威発揚の目的に使われるが、共産圏特有の文化なのだろう。

　俯瞰すると「軍」字型にデザインされた軍芸社という施設には、抗日戦争時の遺物や鄧小平など幹部の写真が展示されていたり、ステージがあったりする。園内の八路村は俯瞰すると「路」字型に建築されていて、当時の村落を再現している。八路村の入口の門にはSANY（三一重工）というメーカーのロゴが入った「中国日　勝利日」とプリントされた幟が飾られていた。三一重工は福島の原発事故の際に、長さ62m

全国愛国主義教育基地・全国八路軍文化体験式教育基地

日本軍の戦車に手りゅう弾を投げ込む八路軍兵士の像。

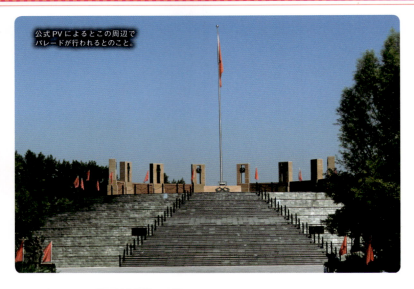

公式PVによるとこの周辺でパレードが行われるとのこと。

若き日の鄧小平。

のアームを誇る「大キリン」というコンクリートポンプ車を無償提供する一方で、愛国教育もしっかり行っているようだ。

　訪問時の8月15日は中国では「日本軍が投降した日」として記念日の為か結婚式をしているカップルがいて、八路村内では爆竹を鳴らしたり（中国では慶事に爆竹を鳴らす習慣がある）、ウェディング用のデコレートをされたアウディの車が移動しているのを目撃した。八路村の食堂の食事は、八路軍文化園の公式PV（YouTubeでも視聴可能）を観た限りでは、当時の食べ物を再現しているのだろうか？　あまり美味しそうに見えなかったので、マクドナルドやKFCといったファーストフード店も欲しいところだ。

　八路軍文化園の最奥部にある情景劇場で行われる抗日戦争のお芝居「反掃蕩」はいろんな意味で必見。最初に司会者が「本日

SANYは中国の大企業だ。

(8月15日)は日本軍が投降した日です」と延べて4名の観客をステージに参加させておきながら、いきなり機銃掃射の効果音が轟き、4名には倒れてもらったりとブラックなギャグを展開したりする。反掃蕩の大まかなストーリーは日本軍の要塞がある中国の集落で八路軍の遊撃隊員に兵士を殺された日本軍の隊長が激怒して、犯人を捜す為に村落で暴れ、村人の危機を八路軍が解放するといった内容だ。

八路軍の活躍を描く為に日本軍の残虐な行為を必要以上に強調しているが、バイクスタントや砲撃で屋根が傾くなどといった映画のような演出があり、最後は日本軍の隊長が要塞で殺されてお芝居は終了。

訪問時は観客席に三一重工のロゴ入りTシャツを着たツアー客が多く、お芝居が終わった後に役者さんと記念撮影をする観客が大挙して押し寄せた。反掃蕩は中国人の

ウェディング用のアウディが走る。

司会者のあいさつ。

ステージに召喚される一般客。この後、抗日劇にも参加。

機関銃の音で倒れる一般客。シュールなギャグだ。

日本軍の隊長の登場。

観客には大好評だが、日本人が観たら複雑な感情が湧きだすこと間違いなしの抗日劇である。しかし中国のテーマパークは想像以上にパクリや版権無視ばかりなので、八路軍文化園はある意味、中国独自のコンセプトを打ち出している。

　公式PVによると八路軍文化園は身体の鍛錬に絶好の場所と宣伝していて、園内の拓展項目区は水面、高空、陸地といった三大拓展区に分けられて「八路軍一日体験」の活動に勤しむ観光客が軍事訓練、チームワークの育成に励むことができる。敷地内にはクライミングウォールがそびえ立っていたり、池の上にはアスレチックフィールドのような吊り橋などが掛けられていたりするのだが、わざわざこのような場所まで来て鍛錬をする若者がいるのだろうか？と大いに疑問である。

　売店では可愛いデザインの八路軍兵士グッズなどが販売されているが、その中に日本の漫画『NARUTO』のパチモンっぽいキャラグッズも並んでいた。いくらなんでも抗日テーマパークで日本のアニメグッズなんか売るなよ！と中国人観光客からクレームがあってしかるべきだ。売店から出ると広場に戻るのだが、日本軍の戦車に子供を登らせて家族が記念撮影をしていたが、中国の観光地にありがちな光景だ。戦車に登らせないよう柵くらい設置してほしい。八路軍文化園は調べても公式HPの存在がはっきりしないのだが（中国語では山西省の観光HPや百度百科などを参照）、今後の展開が気になる抗日テーマパークだ。

中国人の民衆に対して高圧的な日本軍。

集落で日本軍の兵士を殺した犯人捜査が行われる。

日本軍にこびへつらう中国人。

捜査の過程で民衆に乱暴をする日本兵。

抗日劇は日本軍の要塞がある集落という設定だ。

犯人が見つからず、民衆を皆殺しにしようとする日本軍。

日本軍の兵士が八路軍の戦士に殺される。

「八路軍はどこだ!」と激怒する日本軍の隊長。

民衆の危機に八路軍が駆けつけ、日本軍との戦闘開始。

要塞に追い詰められた日本軍は全滅し、集落は解放される。

観客に手を振る八路軍と民衆。

抗日劇は大勢の観客に大好評だった。

役者さんと記念撮影をする観客。

戦車の上で記念撮影する児童。誰も止めないのか？

機関銃で遊ぶ子供たち。

クライミングウォールの利用者はいなかった。

意外と園内オリジナルグッズが充実している。

『NARUTO』のキャラグッズを販売中。

八路軍の軍服を着用したスタッフ。

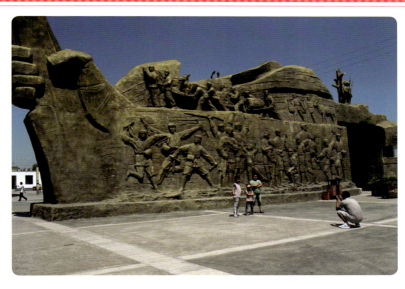

園内で筆者が日本人だとバレなくて胸をなでおろしている。

二丁の小銃が「八」の字を表現している。

銅像のクオリティは非常に高い。

八路軍文化園・遊撃戦体験園のPVが収録されたDVD。

勇ましい音楽と共に始まるPV。

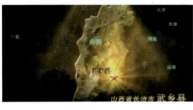
山西省長治市武郷県はかなり辺鄙な場所にある。

八路軍に扮する若者。

あまり美味しそうに見えない食事。

抗日劇の様子。

実際はここまでスピードは出ない遊具。

サバイバルゲームの銃の形状は昔の小銃にしてほしい。

僻地すぎる抗日テーマパークの立地は大丈夫か？

🏠 遊撃戦体験園

読 ゆうげきせんたいけんえん
簡 游击战体验园
発 ヨウジーヂャンティイェンユェン
📍 山西省长治市武乡县蟠龙镇砖壁村
🚉 武郷県中心部から遊撃戦体験園まで約 50 kmだが、同園までの公共交通機関はない。武郷県でタクシーをチャーターすること。
↗ 約 10 万平方メートル
¥ 60 元（約 900 円）
🕘 AM09：00 〜 PM18：00
🌐 https://www.8route.com/
（パンフでは上記の HP の表示があったものの、現在はなぜか閲覧不可）

山西省の武郷県は石炭しか産業がない県だったが、かつて八路軍の本部が設置されたことにちなみ、遊撃戦体験園は 1 億元（約 15 億円）を投資して 2011 年に開園した抗日テーマパークだ。前述の八路軍文化園のパンフレットの裏側に遊撃戦体験園のガイドマップも掲載されているのだが、アクセスは極めて不便で武郷県中心部から約 50㎞離れた山奥の磚壁村（せんへきそん）にある。同園までの公共交通機関が存在しないので現地でタクシーをチャーターするしかない。

同園に到着すると近くに八路軍本部旧跡や当時の指導者の朱徳や彭徳懐の銅像があり、僻地につき戦略的に防御しやすいのは理解できてもテーマパークを運営するとは信じられない立地の悪さだ。

パンフには中国唯一体験式紅色旅遊主題公園と紹介されているものの、表記された公式HP は閲覧できないので、運営している山西

入口のリフトが故障中。自力で登ることに……。

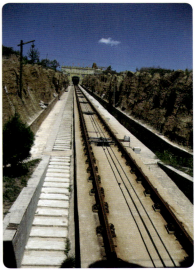

駐車場には観光客の車が見られなかった。

軍人の朱徳と彭徳懐の銅像。

紅星楊旅游発展有限公司には改善してもらいたい。

　園内のほとんどのアトラクションは毛沢東が提唱した八路軍十大戦法にちなんだ名前がつけられていて、階段を登ると伏撃戦というリフトがあり、両サイドから飛び出す兵器を眺めながら山上の同園まで移動するのだが、筆者訪問時は故障していて自力で登らされた。

　中国人にとっては筆者訪問時の8月15日は日本軍が投降した記念すべき日のはずなのに、遊撃戦体験園の訪問客は少なく、20名以下しか目撃できなかった。アトラクションの地雷戦体験区は襲撃戦術、破壊戦術、包囲戦術などを一体とし、「日本軍の兵站輸送拠点を攻撃して八路軍の奇跡を追体験しよう！」という解説がされていた。安全ベルトも必要ないような緩いスピードで移動するライドからレーザー銃（弾切れ

安全ベルトがない＝スピードが出ないライド。　　八路軍に破壊された日本軍の列車という設定。

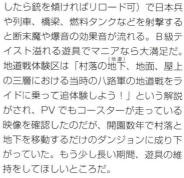

したら銃を傾ければリロード可）で日本兵や列車、橋梁、燃料タンクなどを射撃すると断末魔や爆音の効果音が流れる。B級テイスト溢れる遊具でマニアなら大満足だ。地道戦体験区は「村落の地下、地面、屋上の三層における当時の八路軍の地道戦をライドに乗って追体験しよう！」という解説がされ、PVでもコースターが走っている映像を確認したのだが、開園数年で村落と地下を移動するだけのダンジョンに成り下がっていた。もう少し長い期間、遊具の維持をしてほしいところだ。

　地下には太い眉毛で濃い顔の日本兵が設置されていて、近寄ると爆音や空襲警報が鳴り響き、かなりシュールだ。村落の壁には駆逐日寇や殲滅倭寇などの当時のスローガンが大書されている。

　囲困戦体験区もパンフと公式PVではコースター系の遊具と解説されていたが、

筆者おすすめの脱力系ライドの地雷戦体験区。

こちらは安全ベルト付きで多層構造のアスレチックフィールドに変更され、理解に苦しむ。遊撃戦体験園でも目玉の施設は軍事対抗体験区で真人CS（サバイバルゲーム）の広大なフィールドになっていて、参加者はレンタルの軍服と銃の仕様を激光（レーザー）と彩弾（ペイント弾）から選んで八路軍と日本軍に分かれてプレイする。最新式ではなくて当時の小銃の形状を再現してもらいたい。軍事対抗体験区でプレイする参加者がいなかったので、最奥部の出発広場まですんなり進むことができた。

パンフには出発広場に売店が表記されていたが、訪問時はただの廃屋だった。出発広場から周囲を眺めると、山中に農村が点在している風景しか見えないが、遠くの尾根に大仏の建立現場を発見。戦後の日本と同じく、中国でも大仏建立が流行しているようだが、このような僻地で参拝客を見込

追撃戦体験場

駆逐日寇！と日本人には物騒なスローガンが大書。

めるのだろうか？

　麻雀戦とは雀のように出現するゲリラ戦法のことだが、麻雀戦体験区は戦場になった廃村といった雰囲気で、パンフにも解説はないが真人CSのフィールドなのだと思われる。追撃戦体験区はトロッコ、射撃区、塹壕、鬼子（日本兵の蔑称）拠点があり、「敵を追撃して鬼子の拠点を奪取する過程で日寇を打ち負かした当時の八路軍の団結精神を学ぼう！」と説明されている。参加者はチームごとに分かれて手動のトロッコを動かし、設置されたレーザー銃で拠点を攻撃してスピードを競う趣向である。実際にレーザー銃を撃ってみると、情けない顔の日本兵が叫んだり、ギミックが煙を吹いたりする。抗日ドラマを観ていると、同園で散見されるようなマヌケ面の日本兵が出てくるが、そのようなマヌケに長年苦しめられていた当時の八路軍とは何だったのだろうか、と現在の中国人には考え

とても濃い顔の日本兵。

てほしい。
　同園で唯一営業していると思われる売店の品揃えは八路軍文化園と比べると来園者の数に比例しているのか貧弱だが、同園の公式PVのDVDを入手できたのは収穫であった。遊撃戦体験園はパクリキャラのいない抗日という独自コンセプトと夏でも比較的涼しいという事以外、長所が見つからなかった。

園内の奥にはサバイバルゲームのフィールドが広がる。

サバイバルゲームのフィールドとしての集落廃墟。

スタッフがレンタル軍服の洗濯をしているようだ。

遥かかなたで大仏建立中。

筆者はこちらでも日本人だとスタッフにバレなかった。

アクセスは極めて不便だが、是非、行ってほしい！

売店の品数はとても少ないが公式PVのDVDを入手した。

秘技伝授！中国のパクリ遊園地の探し方!!

　筆者のブログ『軟体レポート』は中国のパクリ遊園地の情報量について、現段階では日本一のはず。日本人にはほとんど知られていない遊園地の情報を筆者がどうやって調べるのか？日本でも可能な調査と情報収集、実際に中国でどのように行動しているかについて述べてみたい。

日本での準備編

　まずはグーグルで「中国の行きたい地域・遊園地もしくはテーマパーク」で検索して出てくる情報を閲覧し、気になる遊園地はチェックしておく。ガイドブックの『地球の歩き方』でもかまわないので、行きたい都市の地図を眺める。そして「人民公園」「中山公園」「児童公園」といった中国の各都市にありがちな名前の公園と「動物園」を探す。こういった施設では「子供を楽しませたい」という純粋な思いの結果、パクリ遊具が設置される傾向があり、一部区画が版権無法地帯になっている可能性大。

　しかし実際に訪問するとパクリキャラが不在ということもあるので、グーグルアースで回転ブランコといった遊具の有無を確認した方がいいだろう（中国の回転ブランコにはパクリキャラが描かれていることが多い）。メジャーな週刊誌の広告は欠かさずチェックして、パクリ遊園地の記事があった場合は迷わずに購入しておこう。書籍で言えば 2008 年に発行された『中国Ｂ級スポットおもしろ大全』（サカイトオル著・新潮社）をお勧めしたい。この本には中国のほとんどの省・自治区に足を踏み入れた筆者ですら訪問したことがない遊園地や動物園のパクリ遊具情報も掲載されているので、貴重な情報源である。

　中国の遊園地は広大な面積を誇るケースが多く、１日で複数の遊園地を探索すると非常に体力を消耗する。よって、日頃から無理のない程度で体を鍛えておくことも心がけたい。

　中国語ができない場合はＮＨＫの中国語講座を毎週欠かさず視聴する。スマホの翻訳アプリも便利かもしれないが、万能ではない。覚えたての中国語のたかが１フレーズでも現地での重要な局面を打開することもあり、筆談でも意思疎通がとれることもある。

『中国Ｂ級スポットおもしろ大全』。筆者は「偉大な先達の書」と位置付けている。

探し慣れるとハルビン文化公園の地図を見ただけで遊園地の確率が高いと判断できる。

グーグルアースを拡大するとハルビン文化公園の観覧車や回転ブランコの屋根が見える。これだけでパクリ遊具がある確率が高い。

中国での行動編

　中国で市内を移動中、小さくても遊園地を発見したら迷わずタクシーを降りる、もしくは場所をしっかり覚えて後でじっくり探索する。このように現地で偶見つけたら即、決断することも大事だが、まずは宿泊するホテルの従業員に街の観覧車（中国語では摩天輪もしくは观览车）の場所を尋ねてみよう。筆者はこの方法で本書の瀋陽南湖公園を発見した。

　中国では観覧車がある場所には今のところ例外なくパクリキャラが発生しているので、試してみる価値はあるだろう。宿泊するホテルによっては、部屋に街の観光案内の冊子が置かれている。隈なく目を通すと事前に情報を入手できなかった遊園地が紹介されていたりするので、翌日は旅行プランを変更したケースもあり。新疆ウイグル自治区のウルムチ市では児童公園がバスの行先に表示されていて直感で訪問したところ、パクリキャラのパラダイスで大満足な結果となる。

　パクリ遊園地も多く訪問すると、発見に必要な「野生の感覚」が備わってくる。しかしネット調査に問題があったのか失敗した例もあり、遼寧省の瀋陽市と大連市の児童公園ではパクリキャラを発見できなかった。そういう場合はクヨクヨしないで次の遊園地を探すことにしている。

　中国の沿岸部の都市は裕福な為、莫大な投資をしたテーマパークが多いが、内陸部でも想像を絶するパクリ遊園地があるので、どのように行動するかは好みが分かれるところだろう。天候にも注意を払うべきで、筆者の場合、夏季は降水量の少ない中国北部を、冬季は降雪量の少ない中国南部の遊園地を巡るようにしている。

瀋陽南湖公園の観覧車　まずは観覧車を探せ！

瀋陽市の児童公園　通常はパクリキャラの多い児童公園だが、西遊記ご一行様くらいしかキャラはいなかった

大連市の児童公園　遊具で遊ぶ児童と散歩する犬の姿を多く見かけた微笑ましい児童公園だが、パクリキャラが不在なのは納得できない。

巨大観覧車から大仏様を見下ろせるレアな遊園地

🏠 ハルビン文化公園

読 ハルビンぶんかこうえん
簡 哈尔滨文化公园
発 ハールビンウェンホワゴンユェン
A Harbin Cultural Park
📍 黒龙江省哈尔滨市南岗区东大直街1号
🚇 ハルビン地下鉄1号線ハルビン工程大学駅下車すぐ。もしくは3、6、14、25、52、53、55、66、70路などの路線バスに乗り、南通大街で下車
↗ 約22・8万平方メートル
¥ 1日パスポート180元（約2700円）、普通入場券5元（約75円）
🕐 08：30～17：00
🌐 http://www.wenhuagongyuan.com/

　黒竜江省にあるハルビン文化公園は1985年に開園した国家4A級旅遊景区の遊園地で、開園は1958年と古く、「黒竜江省級文明単位」「全国優秀遊楽園」などといった栄誉称号を得ている。管理理念として、「安全を先に、サービスを先に、生態を先に、文化を先に」（安全为先、服务为先、生态为先、文化为先）とあるが、どの項目を最優先にするべきかはっきり決めてほしい。

　開園当初の名称「ハルビン文化公園」から一度「ハルビン遊楽園」になり、近年「ハルビン文化公園」に戻っている。アクセスは割と便利で、ハルビン地下鉄1号線ハルビン工程大学駅から数100ｍで、多くの種類の路線バスも通っており、約22.8万平方メートルの敷地面積に毎年200万人前後の来園者を呼び込んでいる。

　チケット売り場で販売される1日パス

ゲームの景品のぬいぐるみは見覚えのあるキャラばかり。

章魚小丸子（たこ焼き）の中身はタコではなくイカだった。

ラジコンボートで尖閣諸島の領有権を主張している。

麦肯基も営業中！

ボートは180元（約2700円）、入場券のみなら5元（75円）なので、迷わず入場券を購入。ハルビンは歴史的にロシアとの結びつきが強い都市の為、園内にはロシア風の建築も残っている。それでもここは中国の遊園地なので、筆者の目に最初に飛び込んできたパクリは映画『マダガスカル』の動物キャラ達のオブジェである。

屋内遊戯施設に入ってみて章魚小丸子（タコ焼き）を購入。わさびソースは悪くなかったが、食感からすると中身はタコではなくイカっぽい。中国のタコ焼きはタコが入っていることもあれば、内陸だと中身がまったくない場合もあるので、イカが入っているだけマシと言える。中国の都会でもあまり見かけなくなった麦肯基（マイケンジー）を発見。久しぶりに同店のチキンバーガーを食べてみるが、可もなく不可もなく、これといって個性がない。

屋内にはディズニーキャラのオブジェ3

観覧車から極楽寺の大仏を見下ろす。

観覧車から軍事施設の軍用機を撮影。

体も確認されたが、埃が積もっているので毎日掃除をしてほしいところだ。パクリオブジェの後ろに何の関わりもない飛虎隊の写真が貼ってあるのも大雑把という印象で、射的やゲームの景品に「くまモン」や日本のアニメキャラなどのぬいぐるみが多数存在。最近の中国の遊園地ではよく見られるのだが、釣魚島（尖閣諸島）を守ろうという趣旨の看板をプールに立てて巡視船風のラジコンボートを操縦させたりしている。遊園地にまで政治的主張を持ち込まないでほしい。中国の遊園地では南シナ海についての主張は見たことがなく、国内の諸問題を「反日」で逸らす政治的意図が作用しているのだろう。

　園内のハルビン摩天輪は日本の岡本製作所、上海遊芸機工程有限公司が共同投資して建造し、高度110ｍ、１周20分だが、観覧車からは隣の敷地の極楽寺にある大仏

様(高さ10mくらいか?)を見下ろせるのはレアな体験だ。反対側の方向には軍用機を外に展示している建物があり、近寄ってみたら軍事施設の為に入れなかった。観覧車を下りて気づいたのだが、土台の建物には映画の『アバター』や『ファインディング・ニモ』のキャラがプリントされていた。

　園内を散策すると、ベンチに座っていたりする『アバター』のオブジェを複数発見、ハルピン文化公園のスタッフからこの作品は溺愛されているようだ。ディズニーキャラのパクリも手描き風イラスト(ヘタクソ)、パチモン風オブジェ、ネットからテキトーに拾ってきたようなイラストなど中国の遊園地としては標準的なラインナップである。ミッキーマウスと一緒に「文明的に観光しましょう。柵に登らないでね」などと看板にメッセージが書かれているが、

『ONE PIECE』と『喜羊羊』のキャラが共演!

『アバター』に登場する種族のナヴィの隣に座れる。

ディズニーキャラと後ろの飛虎隊との組み合わせが微妙。

　中国人にとって、パクリは文明的なのだろう。しかし「文明的」ってわざわざ書かれるなんて、そこからかよっ！とツッコミを入れたい。

　園内には東北地方最大が謳い文句の「鬼城迷宮」というお化け屋敷があった。中国古代の神話や伝説にアメリカや日本のホラー映画の要素を取り入れ、屋内面積は1000平方メートル以上、館内見学所要時間は30分前後とかなりのスペックが書かれていたが、巨人の口が入場ゲートになっていることからして、チープな展開になっていると予想された。

　筆者訪問時はゴールデンウィークの連休（中国でも祝日）で来園者は大勢いたのだが、残念ながらこのお化け屋敷は営業していなかった。屋内遊戯施設にある「貞子鬼屋」というお化け屋敷は入場料30元（約450円）でしっかり営業していて、名前

原型はウルトラマンのはずだ。

からして日本のホラー映画の影響力を感じてしまうものの、内部には「貞子」要素は皆無だった。

　中国のお化け屋敷としてはそれほどチープなクオリティではなかったものの、スタッフがグループを引率して案内するシステムなので、中で撮影はできず。

　現在はハルビン文化公園は中国の一地方の遊園地といった趣だが、ロシア正教会、ユダヤ教などいろんな民族・宗教の墓地があり、毎年多くの歴史学者が見学しているとのこと。大陸の歴史と国際的交流について、考えさせられる。

東北地方最大のお化け屋敷らしいが営業していなかった。

世代を越えて愛される ライトレール・少先号

🏠 ハルビン児童公園

- 読 ハルビンじどうこうえん
- 簡 哈尔滨儿童公园
- 発 ハールビンアルトンゴンユェン
- A Children's Park of Harbin
- 📍 黒龙江省哈尔滨市南岗区果戈里大街 295 号
- 🚇 ハルビン地下鉄 1 号線博物館駅から数 100 m。もしくは 8、18、63、92、109 の路線バスに乗り、児童公園南門で下車
- 📐 約 1 万 5 千平方メートル
- ¥ 無料
- 🕐 24 時間開放
- 🚻 特になし

　黒竜江省にあるハルビン児童公園は東清鉄道の苗木畑として 1925 年に建設される。当初は鉄路花園と呼ばれていたが、戦後に中国長春鉄路局が接収してから南岡公園と名称が変更される。1956 年に当時のハルビン市政府が旧ソ連のモスクワで児童が運営する児童列車（児童小列車）の存在を知り、園内にライトレールが設置されてからハルビン児童公園となり現在に至る。

　こちらのライトレールの初代は SL で、電気機関車やモノレールのような形状に変更後、4 代目と現在の 5 代目は SL に戻る。全長 2km の園内の線路には北京駅とハルビン駅（開業時はモスクワ駅）が設置され、運転士以外の業務を児童が行い、かつては劉少奇や陳毅といった中国の指導者、カンボジア王国のシアヌーク殿下といった外国の賓客も多数乗車している。本物のハルビン駅構内には伊藤博文を暗殺した安重

ライトレール用の北京駅は割と立派な外観だ。

根の紀念館があるのだが、ネット情報では児童公園のハルビン駅近くには中日友好紀念碑（黒竜江省と北海道が締結）がある。筆者訪問時の5月2日は中国も連休の為か園内の北京駅には鉄道員の服装の児童が多く、小雨が降る中、5代目少先号の前で祖父母と記念撮影をする児童もいて非常に微笑ましい。

　ハルビン児童公園はハルビン市城市管理局園林管理事務所によって管理され、以前は入場料2元（約30円）を徴収されたが、2013年から無料化されている。アクセスも便利で、ハルビン地鉄1号線博物館駅から数100ｍで、路線バスも多く通っている。

　正門の外観は西洋の城郭風だが和風ラーメンや韓国児童撮影のスタジオ、水餃子の店舗などが並んでいて入る前から困惑すると予想された。正門と裏門にはバッグス・

マヌケ面のバッグス・バニーもどき。

凶悪な顔のバッグス・バニーもどき。本当に遊園地なのか？

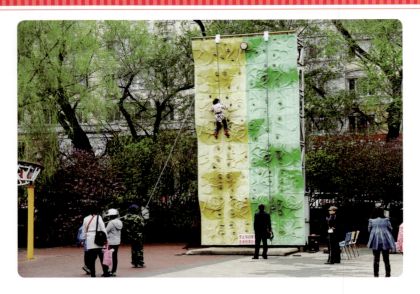

親子3代に渡って愛されるライトレールは微笑ましい。

少先号のスタッフの児童は賢そうな表情をしていた。

バニーのレリーフがあり、正門側はいまいちパクリきれていないマヌケ面、裏門側はなぜか凶悪な表情というのがよくわからない。

　雨天で稼働していない電動遊具を観察すると、スヌーピーっぽいライドや悪人顔のミッキーマウス型ライドもあるので、日本人の感覚では本当にハルビン市の公務員が管理している児童公園なのか？という疑問を抱くが、こちらはハルビン市中小学生徳育基地や省級文明単位といった称号がある。最近の中国の遊園地にある売店でよく見かけるのだが、子供が自由に色を塗れる白い人形も相変わらずの版権無法地帯でアラレちゃん、ドラえもん、クレヨンしんちゃん、トトロといったパクリキャラが豊富に揃っている。

　細長い形状の敷地を散策すると、クライミングウォールを登る児童の姿や高さ3

外観だけはエジプト風のお化け屋敷。

お化け屋敷の内部はエジプト要素が皆無。　　　お化けではなく、不審者っぽい。

射的ゲームの景品のミッキーもどきの人形。

メリーゴーラウンドの"ドラえもん"イラスト。

雨天時は電動のミッキーもどき遊具は稼働しない。

mくらいのかなり立派な出来栄えの象の滑り台は児童公園としてはまともな部類の印象。しかし園内数か所でディズニーキャラのイラストがあるのは当たり前で、射的の景品でパクリミッキーのぬいぐるみや、水陸戦車という小さな放水銃付きの遊具にはウルトラマンの首が設置されたり、メリーゴーラウンドにもディズニーキャラ、スポンジ・ボブ、ドラえもんなどのパクリイラストが確認された。

園内で甘い味付けの台湾ソーセージを齧っていると、円谷プロダクションの名前が表記されたウルトラエッグを見かけたが、正規品なのか模造品なのか正直、わからなくなってくる。

巨大なツタンカーメンのような入口のファラオ迷宮というお化け屋敷に入ってみると、ミイラくらい出てくると予想されたが、キョンシーっぽいものや中華テイストの妖怪しか現れず、エジプト要素ゼロだった。お化け屋敷は通常1本道なのだが、こちらは迷路要素も含まれていてルートによってはお化けを見逃す。

ハルビン児童公園は小さな児童向けの遊具が多いので、親子連れで遊ぶのに適している。パクリだらけではあるが。

メリーゴーラウンドのディズニーイラスト。

園内でウルトラエッグ販売中。

パクリキャラが多すぎる

ライトレールの線路上にそびえる天下第一関の山海関。

水陸戦車にはなぜかウルトラマンの首がセットされている。

遊園地のネズミ型コースター特集

　中国の遊園地を探索していると、身長1.2ｍ以上ならば利用できる児童向けのネズミ型コースターを見かける。名前は「瘋狂老鼠」（クレイジー・マウス）や別バージョンもあるが、中国人のミッキーマウスに対する過剰な愛を感じずにはいられない。

本文でも紹介したが、『トムとジェリー』のに登場するジェリー型コースターは珍しい。　撮影場所：龍華歓楽園

怪しい造形だが、パクリではない……はず。
撮影場所：大連労働公園

ミッキー型コースター。他の地域でも見られるのだが、版権的にダメだろう。撮影場所：万泉公園

優酷（中国版You Tube）の山東省慶雲県の旅遊宣伝片（観光用の広告の動画）に登場した「月亮城主題楽園」（本書未掲載）の様子。ミッキー型コースターの普及ぶりが理解できる。

シンデレラ城をパクッた テーマパークの意外な顛末

🏠 欧亜之窓公園

- 読 おうあのまどこうえん
- 簡 欧亚之窗公园
- 発 オウヤーヂーチュアンゴンユェン（ハールビンシュェユェン）
- A Harbin Window of Eurasia Theme Park
- 📍 黑龙江省哈尔滨市南岗区学府路四道街18号
- 🚌 64、83、336、217、363路などの路線バスに乗り、「欧亚之窗」で下車
- ↗ 約31・8万平方メートル
- ¥ 無料
- 🕐 不明。昼間に行くのがお勧め
- 🌐 http://www.hrbu.edu.cn/index.jsp （ハルビン学院HP）

　黒竜江省ハルビン市の欧亜之窓公園は1998年に開園した国家3A級の公園。観光やレジャー、冬季はスキーを楽しめる多機能娯楽施設として運営されていた。基本コンセプトは前述の「北京世界公園」と同じく園内に再現された世界の有名建築を眺める趣向になっていた。

　ウェディングフォトの撮影スポットとしてもかつては人気があり、不完全な統計ながらもかつて同園では1日で60組以上の新郎新婦を撮影したそうだ。ディズニーキャッスル、クレムリン大宮殿、凱旋門、アポロンの噴水、オランダの風車小屋、ピラミッド、日本庭園といった建築物が再現されていた。中でもディズニーキャッスル（百度百科には「迪斯尼城堡」と表記）は東京ディズニーランドのシンデレラ城のデザインを模倣したとのこと。しかし目標とする来場者数を確保できなかったのか、

周辺住民の車がたまに凱旋門周辺を通過する。

2006年にハルビン市城市管理局によって、欧亜之窓公園はハルビン学院の校区として使用されることとなり、事実上の休園状態に陥る。2011年に同園は正式に閉園されるが、潰れたテーマパークが大学の敷地になるケースは日本でも少ないはずだろう。

　西洋の城門風入場ゲートには当たり前だが「ハルビン学院」の校名が表記されている。ゲートを一般人の自家用車がスルーしていて、中国人からすると外国人である筆者も問題なく入れた。閉園に伴い多くの建造物が撤去されたと思われ、一部は廃墟のように残されているが、園内の草花は比較的手入れされているようだ。

　凱旋門の外側は彫刻が施されているが、内側には装飾がなくのっぺりしている。文芸表演場というステージ前にはギリシャ風の裸婦像が数体設置され、エロについての

案外、きれいに保たれている凱旋門のレプリカ。

裸婦像が数体、設置されている。

コペンハーゲンの人魚姫の像のレプリカなのか？

表現が厳しい中国でも芸術作品と認められたら当局も規制しないようだ。

　ディズニーキャッスルについてはカラーリングこそ異なるが、シンデレラ城のデザインに極めて酷似している。城内の構造的に以前は上の階層まで登れたようだが、現在は階段の扉が完全に閉ざされている。外から眺めると最近ペンキが塗られたようだが、内側は朽ち果てたままだ。

　ハルビン学院は2000年に、もともと運営されていたハルビン師範専科学校、ハルビン大学、ハルビン教育学院といった教育系大学が合併されて誕生。同園はハルビン学院の教育基地として使用されている。

メンテナンスがされていない風車小屋。

東京ディズニーランドのシンデレラ城のデザインに酷似！

シンデレラ城内部から見上げると閉ざされた階層が見える。

抗日戦争の民族英雄が眠る公園に 日本のアニメ・萌えキャラ登場

🏛 兆麟公園

読 ちょうりんこうえん
簡 兆麟公園
発 ヂャオリンゴンユェン
A Zhaolin Park
📍 黒龙江省哈尔滨市道里区友谊路74号
🚌 101路、102路、103路、16路、8路、23路などの路線バスに乗り、兆麟公園正門へ
📐 約8・4万平方メートル
¥ ハルビン氷祭り期間中は150元（約2250円）、その他の期間は無料
🕐 ハルビン氷祭り期間中は10：00～21：00
🍴 特になし

ハルビン市の松花江近くにある兆麟公園は1906年に作られる。ハルビン市内で最も早い時期に開園した公園のひとつで、当初は董事会公園と呼ばれ、その後は特別市公園、道里公園と名称を変更。1946年に現在の名称となるが、抗日戦争で活躍した民族英雄の李兆麟（1910～1946）将軍の墓を建立したことに由来する。ハルビン市内で1月から2月末頃まで開催される有名な氷祭りは1963年に兆麟公園で初めて行われ、（さすがに文化大革命の期間中は10年間中断される）現在は太陽公園、氷雪大世界も会場となっている。兆麟公園では国際的な氷彫刻大会も行われ、氷祭り期間中は毎年平均20万人以上の旅行客が訪問し、普段は入園無料だがこの時期は入場料150元（約2250円）となる。

兆麟公園には黒竜江省やハルビン市政府から国防教育基地、愛国主義教育基地、徳

夢幻世界。

育教育基地といった称号も与えられているのだが、2010年1月の氷祭りではディズニーキャラ、スポンジ・ボブ、ウルトラマン、ドラえもん、ポケモン、クレヨンしんちゃん、鉄腕アトムといったパクリキャラが次々と出現し、パレードが開催されていた。徳育教育基地でもパクリが問題ないのが中国である。

　筆者訪問時は連休中の為だろうか、兆麟公園で遊ぶ地元住民で賑わっていた。遊具は多いわけではないが、メリーゴーラウンドに注目すると『名探偵コナン』『スレイヤーズ』『ああっ女神さまっ』『幽☆遊☆白書』『もののけ姫』『エヴァンゲリオン』といった日本産アニメのパクリイラストが氾濫していた。回転ブランコにはディズニーキャラだけでなく、メインは『涼宮ハルヒの憂鬱』『ラブプラス』といった作品の美少女キャラが多く、全体的にパクリイラス

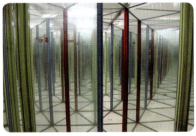

民族英雄・李兆麟の胸像。後ろは彼の墓。

園内の野鳥を撮影するおじさん。

『スレイヤーズ』のリナ=インバース。

『ああっ女神さまっ』のイラストも退色している。

トの世界観がバラバラなのでコンセプトは統一してほしいところだ。

　入場料20元（約300円）の夢幻世界は鏡の間や床が傾いた部屋等で構成されていて、日本なら80年代あたりの遊園地にありそうな有料施設といった趣向だ。

　園内にある石碑には民族英雄の李兆麟（張寿籛）将軍は東北抗日聯軍の第三路軍を率い、戦後の1946年に殺害（国民党の特務機関により暗殺）されたと記されていた。10年以上も北満州の原野で抗日戦争を戦い抜いた李兆麟は公園の日本産パクリキャラについて何を思うのであろうか？

　美少女キャラのパクリイラストの現場は被写体としては面白いが、撮影している自分自身について客観的に考えると少々恥ずかしかったりする。

回転ブランコには『ラブプラス』のキャラも登場。

『名探偵コナン』のイラストも退色ぶりがひどい。

映画とレジャー産業を融合させた世界級のテーマパーク

🏛 長影世紀城

- 読 ちょうえいせいきじょう
- 簡 长影世纪城
- 発 チャンインシージーチャン
- A Changchun Movie Wonderland
- 📍 吉林省长春净月国家高新技术产业开发区净月大街与永顺路交汇
- 🚈 長春軽軌3号線で「长影世纪城」にて下車
- ↗ 約30万平方メートル
- ¥ 通常は240元（約3600円）
- 🕐 5月1日～10月7日　09：00～17：30
  10月8日～4月30日　09：00～16：30
- 🔗 http://www.changying.com/

吉林省の省都・長春市は1932年から1945年まで満州国の首都・新京と呼ばれた。新京では甘粕正彦が理事長を務めていた満州映画協会、通称「満映」が映画製作を行っていた。戦後、満映は中国共産党に接収され、長春は映画作りの街としても知られるようになる。

今回紹介する長春市の長影世紀城は映画の特殊効果とレジャー産業を融合させたテーマパークとして2005年に開園。敷地面積30万平方メートルに15億元（約225億円）を投資した国家5A級旅遊景区でもあり、公式HPにはユニバーサルスタジオやディズニーランドの長所も取り入れた世界級のテーマパークと表記されている。しかしHPを閲覧しても公式キャラクターの存在感がほぼ皆無という点は改善してほしい。

市中心部から約20㎞、長春駅から

長春軽軌3号線で約1時間半かかるので非常に不便な立地だ。日本からは上田文雄前札幌市長が2回訪問して「長影世紀城のアトラクションはすばらしく、創意に溢れている」とコメント。また、遼寧省瀋陽市のアメリカ総領事館文化領事も訪問して絶賛しているが、宣伝効果を期待して海外の要人に訪問させたのかもしれない。

　平日に訪問したところ、入場料金120元（約1800円）だが、祝日ではない毎週火曜日は入場料半額とのことで、通常は240元（約3600円）である。

　園内には抗日映画の登場人物の胸像が並んでいるエリアもあり、とても中国らしいテーマパークだ。主なアトラクションは屋内施設で、ほとんどの施設は稼働する時間が決められているのが特徴だ。

　「斗転星移」という名前のアトラクションがあり驚いた。斗転星移とは金庸の武侠

抗日映画の登場人物の胸像。

諸星大二郎の漫画作品に登場しそうなオブジェ。

小説『天龍八部』の登場人物の慕容復（ぼようふく）の奥義で相手の攻撃をそのまま相手にはね返す技なのだが、本来は風水の用語だからだ。内部では『三国志』の登場人物・諸葛孔明が現れて中国の星占いや八卦について解説しており、遊園地ではなく万博のパビリオンのような趣向だ。

しかし最終地点ではなぜかスタジオに案内される。観客が設置されたヘリコプターにぶら下がり、映像と合成されて映画の特殊効果を体験。正直、微妙なレベルの面白さで、映画のテーマパークでも斗転星移と映像特殊効果のつながりも理解不能。スタジオのスクリーンの画面には『スーパーマン・リターンズ』の写真も含まれていたが、版権的にいいのだろうか？

フードコートでランチを食べると、その場には40人ぐらいの客がいた。牛肉面、ザーサイ、缶コーラのセットが40元（約

ぶら下がりながら「助けてくれ！」と叫ぶノリのいい観客。

「斗転星移」と表記。

なぜここにスーパーマンが登場するのか？

斗転星移と映像特殊効果の関連がいまいちわからない。

ステキな笑顔だ。

銀河宮では映画の音響効果を体験。

これで40元はかなり高い。

『カードキャプターさくら』の木之本桜と大道寺知世。

特徴的な男子トイレの個室のドア。

600円）と市場価格の2倍以上もするのだが、中国のテーマパークでは通常の価格設定だ。

　トイレは同園ならではの特徴として、個室のドアに撮影現場のカチンコが描かれていてそれぞれ最佳男主角（ベスト男性主人公）、最佳新演員（ベスト新人）などと表記されている。

　アトラクションの銀河宮では、天井に星座が描かれた区画を解説されてからスタジオに案内される。こちらでは観客が映画の音響効果を体験でき、有名な俳優の趙本山の主演作品『男婦女主任』のシーンに合わせて声を吹き込んだりしていた。演劇の体験をできるテーマパークはレアだが、銀河宮と音響効果の関連が筆者には理解できなかった。

長影道具車展覧館は長春電影製作廠(ちょうしゅんでんえいせいさくしょう)(中国を代表する映画撮影所)が撮影で使用した車両を展示していて、関東軍のトラックやアメリカのフォード社の車が陳列されている。

　屋外の数少ない遊具のひとつ・メリーゴーラウンドにはディズニーや『カードキャプターさくら』のキャラが描かれていて、相変わらず世界観が統一されていない謎仕様。

　後述の大連市の労働公園でも紹介した「武漢中新遊楽設備」の遊具を発見。看板の文字は退色しているが、ポンチな作風のミッキー&ミニーマウスっぽいネズミキャラの脱力感がすばらしい。売店にはスパイダーマンやピカチュウのぬいぐるみがあり、一部は正規版と思われた。どう見ても海賊版という商品も多数あるが、園内オリジナルの「太空三毛」というキャラグッズも販売中。太空三毛の元ネタは中国の古典的漫画である『三毛流浪記』の主人公・三毛のようだ。しかし、太空三毛のキャラグッズは公式HPのショッピングの項目でも説明がスルーされているくらいなので、売上にはそれほど貢献していないのだろう。

　雨天の平日でも大連の発現王国と比べると非常に来場者が少ない。長影世紀城は長影集団という映画会社が運営。別名「東方のハリウッド」とも呼ばれているが、USJやディズニーランドの遊具に似た(パクリ?)アトラクションも多いらしく、2回も訪問した上田文雄前札幌市長がどの辺に「創意が溢れている」と感じたのかよくわからない。

　そもそも札幌市の友好都市は吉林省長春市ではなくて遼寧省瀋陽市のはずだが、上田前市長は公務として2回訪問したのだろうか?

斗転星移の内部。

真実の口の占いの機械がなぜここに?

竜宮城的な演出なのだろう。

銀河宮の天井。

ちょっとした軍事博物館の様相を呈している。

武漢の遊具製造メーカー。ネズミキャラの顔がポンチ。

「Dr.スランプ アラレちゃん」のうんちくんのパクリ？

太空三毛は他の場所では見たことがないキャラクターだ。

公園のHPに思想政治の項目がある
長春版ディズニーランド

🏠 長春市児童公園

読 ちょうしゅんしじどうこうえん
簡 长春市儿童公园
発 チャンチュンシーアルトンゴンユェン
A Changchun Children's Park
📍 吉林省长春市南关区人民大街3088号
🚌 多くの路線バスが通っている。長春駅から6、66、306の路線バスに乗り、児童公園で下車。
↗ 約17万7千平方メートル
¥ 無料
🕐 24時間開放
🖥 http://www.ccsetgy.com/

　長春市児童公園は満州国統治下の1931年に「大同公園」として開園したのが始まりとされる。長春解放後に「人民公園」となり、1981年に現在の「児童公園」と改名、「春城（長春の別称）の緑色明珠、子供の可愛い楽園」と称えられている。

　長春市内中心部を縦断する人民大街沿いにあるのでアクセスは非常に便利。敷地面積約17.7万平方メートルの長春市児童公園内には人造湖も備え、東北地方の厳寒の冬の時期になると湖面の氷はスケートリンクとして利用される。

　同園のHPには「思想政治」という項目があり、共産党関連のイベントが頻繁に行われるので、政治目的が強く関わる公園という側面がある。

　中国の公園では一般的に見られる光景なのだが、同園でも夕暮れ時には大型スピー

残念ながら雨天と夜間は営業していない。

カーからBGMの爆音を轟かせながら集団で踊る「広場舞」が目撃された。広場舞には人数、衣装、ダンスやBGMの種類にこれといった決まりはないが、踊っているのは中高年の女性がほとんどで、複数のグループがそれぞれのBGMで同じ公園で踊っているケースもある。当然ながら騒音トラブルも発生するが、同園での「思想政治」的には問題がないのだろう。

2015年に園内に増設された児童公園歓楽世界という敷地面積約3万平方メートルの遊園地エリアに、パクリキャラが集中している。高さ65メートルの観覧車の足元にはベルギーの漫画『スマーフ』や映画『アバター』のキャラが描かれている。アバターについては中学生が夏休みの課題で作成した啓発ポスターのような画風だ。敷地内の建造物の壁には手描きのハローキティやドラえもんイラストも

広場舞の現場はBGMの爆音が轟く。

特徴はとらえているドラえもんイラスト。

稚拙な画風の映画『アバター』のパクリイラスト。

『スマーフ』のパクリイラスト。

あり。

　ネット記事では「長春版のディズニーランド」と表現されていただけあって、児童公園歓楽世界の2層のメリーゴーラウンドにはネットからコピー＆ペーストしたような『くまのプーさん』のイラストで統一されていた。

　同じくネット記事には「今後は週末に子供とどこで遊ぶか悩ませません」と述べられていた。しかし『ファインディング・ニモ』のようなキャラで装飾されたゲートは雨天や夜間になると入ることができなかった。入園は無料のようなだけに、残念である。

　アニメや漫画のキャラだけではなく、アメリカの歌手マドンナの写真が大量に使われている遊具もあるが、2015年の時点でも版権だけでなくパブリシティ権も理解されていないのが中国の遊園地らしい。

想像以上にキティちゃんの人気も高い。

歌手のマドンナの写真がこんな場所に！

かつてラストエンペラーが軍事大演習をしていた公園

🏠 勝利公園

読 しょうりこうえん
簡 胜利公园
発 シォンリーゴンユェン
A Shengli Park
📍 吉林省长春市宽城区北京大街与人民大街角汇处
🚌 長春駅から62路、6路の路線バスに乗り、「胜利公園」で下車
📐 約28・6万平方メートル
¥ 無料
🕐 24時間開放
■ 特になし

吉林省長春市の勝利公園は1915年に開園した長春初の公園。当初は「西公園」と呼ばれていた。1938年に名称が「児玉公園」に変わり、公園入口に児玉源太郎（日露戦争で満州軍総参謀長を務め、勝利に貢献。晩年は南満州鉄道創立委員長も兼務）の騎馬銅像が設置されていた。同公園は旧関東軍司令部（現在の中国共産党吉林省委員会）のすぐ近くで、ラストエンペラーの愛新覚羅溥儀も参加した軍事大演習も開催されているので、満州国政府もかなり重要視していた公園だ。満州国統治下では園内の利用者は日本人ばかりだったそうだ。

戦後のソ連軍管理下では「魯迅公園」、1946年からの国民党の占領期間中は「中山公園」、中華人民共和国成立後の1949年に現在の「勝利公園」となる。統治する政権と共に公園の名称も変化を遂げ、公園の正門に飾られていた孫文の画像は毛沢東

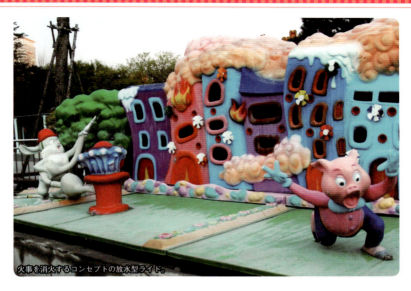

火事を消火するコンセプトの放水型ライド。

の立像に取り換えられる。公園の名前の由来は人民が勝利を獲得したからとのことだが、国共内戦中は毛沢東・林彪軍による長春包囲戦によって、長春市民の 2/3 にあたる数十万人が餓死している。

　アクセスは非常に良好で、長春駅から路線バスで 2 駅目が勝利公園だ。筆者訪問時の 2016 年の時点では地下鉄工事中で、開通後は公園の正門前に北京大街駅が完成する予定でさらに便利になる。

　勝利公園内の長春夢幻楽園にはジェットコースターといった基本的なアトラクションを備え、2014 年に高さ 118 m の吉林省最大の観覧車が増設。

　長春夢幻楽園に足を踏み入れると白雪姫と七人の小人像が現れたが、中国の遊園地のパクリの現場では、ディズニープリンセスの中でも一番人気があるのは白雪姫と確信している。

ずいぶん情けない表情の銀行強盗？テロリスト？

『ファインディング・ニモ』のパクリ。

『トムとジェリー』のトムのパクリ……のはず。

　遊具の「バイキング」には映画『パイレーツ・オブ・カリビアン』のジャック・スパロウ船長などの登場人物の写真が使われており、すぐ近くには映画『ファインディング・ニモ』のパクリキャラが並ぶ。

　勝利公園そのものの面積は28万平方メートル以上なのだが、長春夢幻楽園の面積は1/10くらいで、小さい面積に比例してパクリキャラが少ないのは残念である。ただ、勝利公園内の敷地内ではミッキーやドナルドといったディズニーキャラ、マリオやドラえもんのイラストも目撃。

　中国政府からすると仮想敵国の日本やアメリカのパクリキャラが政治的意味合いのある勝利公園で見られるのは皮肉である。

クオリティの高い白雪姫と七人の小人。

北国の小さな遊園地は
パクリキャラと兵器がお好き

🏛 敦化市北山公園

- 読 とんかしきたやまこうえん
- 簡 敦化市北山公園
- 発 ドゥンホワシーベイシャンゴンユェン
- 📍 吉林省延辺朝鮮族自治州敦化市北山路
- 🚍 敦化市中心部からタクシーで5元（約75円）
敦化市内からは8路のバスに乗る
- ↗ 約190万平方メートル（遊園地の面積は少ない）
- ¥ 無料
- 🕘 児童楽園は09：00頃から営業
- 🍴 特になし

　吉林省敦化市は2015年に高速鉄道が開通した為、省都長春から約1時間30分で移動が可能。敦化市から東へ高速鉄道で30分くらい移動すると、北朝鮮の国境に近い延吉市に至る。敦化市北山公園は2005年に国家文化部から全国優秀体育公園という称号を授与された、県級市体育公園である。

　面積は190万平方メートルを誇り、敷地の緑化率は80％以上でスキー場もあり、市民の憩いの場としても人気がある。敦化市北山公園は戦前、日本軍兵士の戦没者の為の表忠塔が建てられていたが、戦後は壊されて敦化県政府が革命烈士紀念塔を建て直した経緯がある。

　敦化駅から北山公園までタクシーで5分以内と近く、アクセスは便利。北山公園の入口にはLEDの巨大モニターが設置されていて、朝鮮族も生活している土地柄な

遠くに2015年に建立された大仏が見える。

のか、漢字とハングルで表記されている石碑もある。広大な敷地だが、山の麓の児童楽園（遊園地）の面積は人口に比例しているのか狭く、入口で入場料も徴収されない。園内を探索すると辺境の地方都市にも関わらずパクリキャラ遊具が多数発見された。こういった遊具は中国全土で広く普及しているのだろう。

　敦化市北山公園でもディズニーキャラのパクリが圧倒的人気で、ギリギリ原型を留めているミッキーマウスやドナルドの遊具、回転ブランコにはくまのプーさんのイラストは当たり前で、ドラえもんがウィンクしている小型観覧車、ガンダムっぽい遊具などを発見。

　狭い敷地内に3種類の兵器が鎮座していたが、事前情報では2006年の時点で戦車やキャノン砲が設置されていて、筆者は1999年に現地で高射砲を目撃してい

革命烈士紀念塔。

北朝鮮に近いのか、周辺には朝鮮族も多く居住。

以前よりも展示する兵器が増えた。

観覧車の座席にはドラえもんの顔が見られた。

る。市内には人民解放軍の施設もあるが、以前は遊具を購入する予算がなかったので使わなくなった兵器でも設置しておこうという発想なのだろうか？

　山腹の坂道を登ると中腹にも遊園地があり、こちらは麓のものよりも規模が小さく、パクリキャラも少ない。残念だったのは、十八層地獄というB級っぽいお化け屋敷が入場料40元（約600円）という強気の価格設定なのに、2人以上でないと入れないことだ。

　吉林省は満州国の領域に当たり、昨今の反日教育の影響もあってか、日本人に対する感情が悪いと感じる事があった。しかし北山公園の麓のカンガルー型回転遊具が稼働すると、アニメの『一休さん』のオープニング曲が日本語で流れ始めた。

中国産アニメ・『黒猫警長』のオブジェ。

緩い表情のミッキー型遊具。

ガンダムっぽい遊具。

145

衝撃！東北地方の変な看板特集‼

　筆者が中国旅行中に好んで撮影する対象の1つが変な看板だ。基本的にクライアントのメッセージを効果的に伝えるのが看板の存在理由なので、インパクトが必要なのは言うまでもない。しかしこれが中国の場合だと、明らかに何らかのパクリが発生することが多く、そこはかとなく笑みがこみあげてくる。筆者厳選・東北地方の衝撃的な看板をご覧いただきたい。

長春男健医院。専業男科・男の回復・戦闘力を！と書かれているが、なぜスーパーマンの写真が使われているのだろうか？　撮影場所：吉林省長春市

不動産の広告か？　スーパーマリオ、鉄腕アトム、ドラえもん……版権元は違うはずなのに、同じ広告に登場させるなよ！　撮影場所：遼寧省大連市

ロココウェディングフォト。ウェディングフォトスタジオの宣伝だが、カップルの真ん中には偽ミッキーが！筆者も中国の遊園地で「本物の偽ミッキー着ぐるみ」を撮影したいのだが、いまだ遭遇していないのが残念だ。
撮影場所：遼寧省大連市

KFG。KFCの中国語表記は「肯徳基」だが、「麦楽基」はマクドナルドとKFCを足して2で割ったような店名だ。しかしK.F.G.って紛らわしい！2大ファーストフード店激怒必至か？　撮影場所：黒竜江省ハルビン市

おしゃれキャット・マリーなのか？　おしゃれキャット・マリーは日本での知名度は低いらしいが、れっきとしたディズニーキャラ。しかしなぜ瓜子（ひまわりの種。中国ではよく食べられる）のパッケージに描かれているのだろうか？　撮影場所：遼寧省瀋陽市

四季蓮花主題賓館。見たところ、外国人旅行客は宿泊できそうにない安宿のようだ。管理人のアニメへの愛がうかがえる外観をしていて内装が気になる。
撮影場所：黒竜江省ハルビン市

麦田時光。マクドナルドの中国語表記は「麦当労」だが、このファーストフード店？は名前といいロゴといい、マクドナルドから怒られそうだ。撮影場所：遼寧省大連市

気になるキノコの山もどきの中身だが、キノコのカサの部分とクッキー生地の部分が曲がっている。たけのこの里もどきもあるのか？　撮影場所：遼寧省瀋陽市

キノコの山もどき　中国語でキノコは「蘑菇」と表記。ミルクチョコレート味と書かれているが、製造元のオリオン社は韓国の菓子メーカーだ。キノコの山もどきと表現して差し支えないチョコ菓子である。
撮影場所：遼寧省瀋陽市

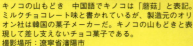

北海道　スルメや乾燥させたハマグリは酒のつまみなのだろう。しかしメーカー名が「北海道」とは……。描かれたキャラも日本人っぽいのはなぜなのか？　撮影場所：吉林省敦化市

スナック菓子の辛さをアピールしたパッケージに既視感が……。東ハトの「暴君ハバネロ」のパクリだろ！
撮影場所：黒竜江省ハルビン市

園内のディズニーキャッスルは版権的に大丈夫なのか？

🏛 瀋陽南湖公園

- **読** しんようなんここうえん
- **簡** 沈阳南湖公园
- **発** シェンヤンナンフーゴンユェン
- **A** Shenyang Nanhu Park
- **📍** 辽宁省沈阳市和平区文化路1号
- **🚌** 117路、135路、152路、225路などの路線バスで「南湖公園」もしくは「南湖公園西门」で下車。
- **↗** 約52万平方メートル
- **¥** 無料
- **⏰** いつでも入園可能。遊園地の遊具は冬季休業
- **⚠** 特になし

　遼寧省の省都・瀋陽市は東北地方最大の都市で、満州国時代の奉天市である。現在は日本国総領事館も設置されており、2002年には日本総領事館脱北者駆け込み事件も発生し、2016年の時点では日本総領事館及び近くのアメリカ総領事館前の道路は車が通れないように封鎖されていて警戒が厳重。

　今回紹介する瀋陽南湖公園は1938年に長沼湖公園として開園し、戦後に現在の名称となる。人口湖を囲むように緑が広がる園内には橋、東屋、庭園等が組み合わさりいくつも彫像が設置されていて中国人の観点では園芸レベルが高い公園と評価されている。瀋陽市中心部とロケーションも絶好で敷地の隣に東北大学もあるので学生も気軽に訪れているようだ。

　約52万平方メートルの敷地の一角にある遊芸娯楽中心に観覧車やコースター系の

脱力するしかない表情のミッキーもどき。

遊具が集中している。あまり明確ではないが南湖公園遊楽場、南湖公園児童電動楽園といったエリアに区分されている。

児童電動楽園の児童快楽山車という身長制限もなさそうな児童向けコースターに注目すると、B級テイストなパクリディズニーキャラの遊具を発見。近くの回転遊具のミッキーマウスのパクリの表情にも脱力必至だ。

筆者は中国の他の場所でもアンパンマン型ライドを目撃しているのだが、南湖公園の同ライドはアンパンマンの顔が青や緑色で食欲を失せる色になっているのが特徴だ。

園内の美食街という通りには小さな飲食店が並んでいて、臭豆腐や台湾ソーセージ、炒面といったスナックを販売している。中国の遊園地としては一般的な光景で、どの料理も日本人の口にもだいたい合うだろ

とてもアンパンの色とは思えないアンパンマン型ライド。

アンパンマン型ライドはそれなりに人気があるようだ。

原型をかろうじて留めるミッキーとドナルドもどき。

メガトロン！

ディズニーキャッスル！

う。羊肉串も店先でおじさんが羊を捌いて串に通し、香辛料をまぶしながら焼いていて、たいへん美味である。

　メリーゴーラウンドなどの遊具にもディズニーキャラのパクリイラストが氾濫しているのはもはやお約束なのだが、大型のエア遊具の名前がディズニーキャッスル（迪士尼城堡）となっていて、マヌケな表情のミッキーやドナルドのデザインからしても版権的にかなりヤバイ！　中国の他の地域の遊園地にも設置されていると期待したい。

　船の形をした遊具の船首飾りを観察すると、『ONE PIECE』で麦わらの一味が使用するサウザンドサニー号のパクリと断定。船尾にはマスコットキャラのチョッパーの姿を確認したが、このキャラは主人公のルフィより中国の遊園地では人気なのかもしれない。

　魔幻汽車という車型のライドにはメガト

眉毛のないちびまる子ちゃん。

ロンやバンブルビーといった『トランスフォーマー』のキャラの名前やエンブレムが表記されていたが、中国人は日本人が想像する以上に『トランスフォーマー』のコンテンツも大好きなのである。瀋陽だけでも日本総領事館近くやショッピングセンター前でも同作品のキャラのオブジェが目撃されたり、中国各地でも散見される。

　高度72mの観覧車に乗り周辺を俯瞰すると、園内のちびまる子ちゃんイラストを発見。近寄って観察すると、眉毛もないヘタクソな手描きなのだが、ネットからコピペしたような画像とは違って独特な味わいがあるのがグッド。観覧車周辺が南湖公園遊楽場らしいのだが、安定のディズニーのパクリキャラについても多数存在し、手描きイラストのミッキーのボディのメインカラーは黒と赤色とかなりインパクトが強い。

スキップするちびまる子ちゃん。

章魚小丸子（たこ焼き）も中国で普及しつつあるようだ。

訪中の際は是非食べたい一品の羊肉串。

『ONE PIECE』ファンなら愕然とするサウザンドサニー号。

　ただ、回転ブランコのイラストが風景画のみの構成は残念。なぜか機関車トーマスの手描きイラストやパクリ遊具が多いのが印象的である。瀋陽南湖公園の敷地は広いが遊園地の面積は決して広いとは言えない。しかし、限定的なエリアにパクリキャラが意外と多く潜んでいたので、筆者としては大満足である。

　お化け屋敷の古堡惊魂のコンセプトは西洋風に統一されていたので、評価したい。

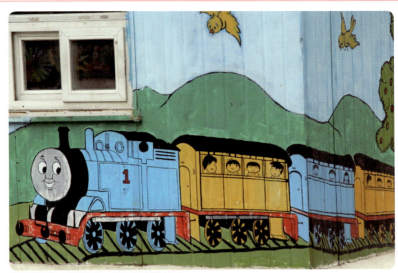

中国の遊園地では機関車トーマスもよく目撃される。

申し訳ないが、小学校低学年レベルの画力と評価。

北京五輪のフーワーと呼ばれたマスコットキャラのようだ。

スプラッシュ系ライド「激流勇進」の撮影室。

共産圏のミッキーは赤くなるのだろうか？

中国産アニメ「熊出没」のキャラクターたち。

ここまで下手な画力だと逆に独特の味わいを放つ。

このミッキーマウスもデザイン的に問題だ。

日本の地方都市よりも高層建築が目立つ。

お化け屋敷の世界観が西洋風に統一されているのが好評価。

老婆の左腕が紛失しているが、メンテナンス不良が原因か？

孫文にちなんだ公園にある
国家級教育基地・自然王国に注目

🏠 瀋陽中山公園

- しんようちゅうざんこうえん
- 沈阳中山公园
- シェンヤンチョンシャンゴンユェン
- 🅰 Shenyang Zhongshan Park
- 📍 遼寧省沈阳市和平区南京南街5号
- 🚇 地下鉄1号線、「太原街」下車。南方面へ徒歩数分。
- ↗ 約16万平方メートル
- ¥ 無料。自然王国は入場料30元（約450円）
- 🕐 いつでも入園可能。
自然王国は09：00～17：00
- 💻 http://www.syzrwg.com/　自然王国のHPは閲覧すると子供向けの歌がエンドレスで流れ、版権無視のキャラが多数登場

中山公園とは中華民国建国者の孫文（中国では一般的に孫中山と呼ばれる。中国、台湾の両方で尊敬される数少ない政治家）を記念した公園。中国や台湾、華僑が多く暮らす地域では同名の公園を多く目にする。瀋陽中山公園は敷地面積約16万平方メートルで開園は1924年。満州国時代は千代田公園と呼ばれ、中国人の入園は制限されていた。1946年に現在の名称になる。

瀋陽中山公園の敷地内で注目すべきは瀋陽自然王国主題公園（以下自然王国）であろう。2011年にオープンした自然王国は国家級科普（科学普及の意味と思われる）教育基地として自然博物館、立体映画館、玩具楽園といった施設を約3000平方メートルの園内に詰め込んだ市内最大の児童楽園である。自然王国の公式HPによると、自然王国は瀋陽市野生動物繁殖保

ウルトラマンよりバッグス・バニーの方が大きい！

護基地であり、市内唯一の自然博物館、動物園、児童大型楽園（実際は狭い）と紹介されているが、瀋陽市には後述の瀋陽森林動物園も存在するので、「市内唯一」という表現は間違っている。入場料30円（約450円）は敷地面積に比例したお手頃価格で、平日でも園内は幼児連れのお母さんや祖父母が多い。

　自然王国の入口にはスティッチの人形が複数飾られていて、入ってすぐに目撃したのはウルトラマンとバッグス・バニーといった作品の世界観を無視したコンビだ。「自然王国」と表記されたエッフェル塔もどきではくまのプーさんとティガーが肩を組んでいたり、施設の壁にはミッキー＆ミニーの手描きイラストが描かれていたりして、国家級科普教育基地でも版権については誰も理解していない模様。電動遊具のドラえもん、ミッキーマウス、ドナルドダッ

中国人はエッフェル塔もお好き。

孫文（中山）の像。

待遇の悪い動物の水槽はとても狭い。

クの緩い表情とアバウトな造形にも注目したい。
　自然博物館の内部は海洋生物館、昆虫館、動物保護館、化石館といった施設があり、限られたスペースに剥製や展示物を強引に押し込んだ印象だ。動物園としては鳥類、爬虫類、哺乳類が100種類近く飼育されている。ただ、あまり広くない敷地なので犬の檻がペットショップのゲージ並みに狭かったり、ごつい体格のワニガメは一般家庭向けレベルより少し大きい程度の水槽で展示していたりするので、待遇の悪い動物にとっては非常にストレスフルと感じた。本当に野生動物繁殖保護基地として機能しているのか疑問だ。
　アクセスは市中心部という極めて良い立地ということもあり、休日ともなるとかなり人気の遊園地だ。

夏場は多くの児童が訪問すると思われる。

中国産アニメ・「喜羊羊」のキャラ。

絶滅危惧種のアムールトラが餓死した動物園の顛末

瀋陽森林動物園

- **読** しんようしんりんどうぶつえん
- **簡** 沈阳森林动物园
- **発** シェンヤンセンリンドゥーユェン
- **A** Shenyang Forest Zoological Garden
- 辽宁省沈阳市棋盘山风景区
- 「沈阳北站」から168路のバスで沈阳棋盘山景区の「沈阳森林动物园」まで移動
- 約240万平方メートル
- ¥ 80元（約1200円）
- 08:30～17:00
- http://www.syslzoo.com/

　瀋陽森林動物園は瀋陽市動物園（後述の万泉公園）が改組し、私営の動物園として2000年に開園。市内から約15kmの郊外に敷地面積約240万平方メートルを誇り、園内の設計は日本の「東京瀬戸内ガーデニング株式会社風景堂」が担当している。

　同園は経営不振が続き、2010年に絶滅危惧種のアムールトラ11頭が餌不足で餓死、園幹部がトラの骨で「虎骨酒」を造って関係者に贈呈していたことも判明（中国では1993年に漢方薬での虎骨の使用を禁止されている）。「寅年（2010年）にトラが餓死した」と中国でも注目され、閉鎖された同園は2010年7月に現在の名称「瀋陽森林動物園」となり、政府直轄企業として営業を再開。同園は動物保護、科学普及教育、科学研究、レジャー施設が一体となった国家4A級旅遊景区で、丹頂鶴の人口繁殖基地でもある。申年（2016

年）には同園のチンパンジーが女性飼育員の頭部や手足に咬みつき、重症を負わせる事故も発生しているが、日本でも志村どうぶつ園で人気を博したチンパンジーのパンくんがショーの直後に女性研修生を襲う事故もあり、動物関連施設の動物による事故はどの国でも発生することを忘れてはいけない。

　瀋陽森林動物園の公式 HP を閲覧すると版権無視のパクリキャラは見当たらず、ヘッダーの森林動物園の英文表記の一部が「FORSET」と初歩的なスペルミス（正確には FOREST）以外はまともな動物園の HP に見える。しかし実際に訪問して入場ゲートをくぐると目の前にガンダムオブジェが登場。全高 3 m 以下でも製作者が本物のディテールに近づけようとした努力は感じられるが、色褪せていたり肩関節部分がズレていたりと、メンテナンスに問題

ガンダムオブジェにメンテナンスを！

中国産アニメ・『熊出没』のオブジェ。

園内数か所に設置された太鼓と銅鑼。

あり。
　広大な園内の大部分を占める密林幽谷エリアは一周5kmもあるので総合遊楽園エリアに絞って見学してみたが、予想通りディズニーやドラえもんといった中国でも人気キャラのイラストが目撃される。パクリキャラの量は少なめだが、動物園内に152mmカノン榴弾砲などの兵器を展示する考えがよくわからない。
　そして筆者を困惑させたのは鳥類のエリアに設置された銅鑼や太鼓である。叩いてみるとそれなりに騒音が発生するので、園内の動物にとってストレスにならないだろうか？
　園内にはアムールトラやホワイトタイガーといった希少動物も飼育されているが、以前のようなずさんな経営の結果、餓死しないことを祈るばかりである。

イモムシ型コースター。

一言で表現すると「気持ち悪い」。

瀋陽と札幌との友好都市の懸け橋となる元・動物園

🏠 万泉公園

- 読 まんせんこうえん
- 簡 万泉公园
- 発 ワンチュエンゴンユェン
- A Wan quan park
- 📍 辽宁省沈阳市小河沿路园东巷8号
- 🚌 沈阳市内の215路、225路、245路の路线バスで「万泉公园」にて下车
- ↗ 约62万平方メートル
- ¥ 无料
- 🕐 公园にはいつでも入园できると思われる
- 🚇 特になし

瀋陽市内にある万泉公園は1906年に建築された園林で、最初は「小河沿」と名付けられる。中国建国後は「万泉公園」となり、1979年に「瀋陽動物園」として改築される。1980年に瀋陽市と札幌市には友好都市提携が結ばれ、札幌市から瀋陽市にマントヒヒが贈られ、動物園が二つの都市の関係を深める懸け橋となる。1984年に日本の建築設計士が瀋陽動物園の正門の設計に携わり、日中友好の表明として札幌の丸山動物園の当時の正門と同じ規格・様式として建造され、現在も残されている。日本と中国は政治的にはギクシャクした関係だが、瀋陽市と札幌市のように友好都市としての交流が継続されているのは微笑ましい。

2001年に動物園としての機能が前述の瀋陽森林動物園に移転することに伴い、名称が「万泉公園」に戻る。瀋陽動物園の

児童楽園入口の巨大な犬のオブジェ。

頃の入場料は5元（約75円）だが、現在の万泉公園は無料で入園できる。最盛期は年間162万人以上の来園者が訪問する動物園であり、瀋陽市民にとても人気があった。2012年に園内の一部区画に子供向けの万泉遊楽場が開園、筆者の予想より少ないもののパクリキャラは当然のように存在していた。

園内に足を踏み入れて児童公園を観察すると、パクリキャラは見受けられなかった。しかし遊楽場区画で最も驚いたのが瘋狂老鼠（クレイジー・マウス）というコースターだ。赤・緑・青・黄色の4両のボディ兼座席に明らかに版権を無視したマヌケ面のミッキーマウスの顔がついている。筆者は同型機を新疆ウイグル自治区や寧夏回族自治区、海南省でも撮影しているので、中国の遊具製造メーカーが各地の遊園地に納入しているはずだ。案外、東南アジア諸国の遊園地にも需

クレイジー・マウス。

要がある可能性大。中国の遊園地らしく、それほど広くない区画でもディズニーキャラのパクリイラストを散見できる。

　2013年に完成した高さ88ｍの観覧車の足元に注目すると、スパイダーマンが描かれていた。顔、左腕、左足が造形物となっていて、パクリキャラなのだが今にも飛び出しそうな勢いを感じる。

　園内には中国で大人気のアニメ『熊出没』のキャラやウサギのオブジェが設置されていたが、両方とも日本人の感覚では不気味な表情をしている。

　土産物の彩色する白い人形には『ベイマックス』『ハローキティ』『スポンジ・ボブ』『ONE PIECE』や『NARUTO』といった外国産パクリキャラは豊富だが、中国産キャラがあまり見られないのが残念だ。

アニメよりも不気味な『熊出没』の兄弟熊。

ミッキー&ミニー、マリオ、チョッパーのパクリ。

ジャイアントパンダがいる目の前で『カンフー・パンダ』が華麗なキック

大連熊猫館前の『カンフー・パンダ』のオブジェ。

🏠 大連森林動物園

- 読 だいれんしんりんどうぶつえん
- 簡 大连森林动物园
- 発 ダーリエンセンリンドンウーユェン
- A Dalian Forest Zoo
- 📍 辽宁省大连市西岗区南石道街迎春路60号
- 🚌 5路、529路、702路の路線バスにて「大连森林动物园南门」で下車
- ↗ 720万平方メートル
- ¥ 120元（約1800円）
- 🕐 08:30～16:30
- 💻 http://www.dlzoo.com/

　大連森林動物園は大連市の南側にある白雲山風景区の丘陵地帯を利用した緑豊かな動物園だ。前身である「電気遊園」は1909年に南満州鉄道株式会社によって大連駅西側に開園され、当時では珍しい電動のメリーゴーラウンドといった遊具が稼働していた。1940年に関東州政府によって園内に日本の外務大臣・小村寿太郎の像が設置され、園名も「小村公園」と改名される。戦後は文化公園、魯迅公園と変遷し、1966年に「大連動物園」となる。

　大連動物園は絶滅危惧種のアムールトラの繁殖で成功率が高いことで知られている。その後、動物園の移転が行われ、1997年に現在の場所に大連森林動物園として開園。国家4A級旅遊景区の動物園として720万平方メートルという広大な面積を誇り、園内は草食動物区、ライオン区、虎区、霊長類動物区、アジア象館といっ

休日は大勢の来園者が訪れる大連森林動物園。

たエリアに別れていて、約200種類の動物を3000頭以上飼育している。大連熊猫館ではジャイアントパンダも見られることから、公式HPによると園内にはパンダグッズショップが運営されている。南門付近には小さい遊園地もあるが、パクリキャラは少ないのが残念だ。

大連森林動物園は休日ともなると南門付近に渋滞が発生するくらい人気があるのだが、園内の遊園地はそれほど力を入れていないのか遊具は少なく、遊園地内ではパクリキャラ付き遊具は1つだけ。遊具の天井付近にディズニーキャラが散りばめられていたが、2層のメリーゴーラウンドにパクリキャラが描かれていないのは意外である。

動物園内を観察するとゴミ箱の形状が『スター・ウォーズ』のR2-D2に酷似しているのはなぜなのか？ 森林幼児園と

森林幼児園の動物の赤ちゃんは来園者にも人気！

いう施設には幼い虎やチンパンジーが展示されているのは微笑ましい。しかし近くの大連熊猫館前の階段で『カンフー・パンダ』、SUBWAYでは『ミニオンズ』のオブジェを目撃。中国全土で見られるディズニーやハローキティといったパクリキャラのバルーンも販売されているが、園内で見た「真人頭像印章」はパクリキャラのビジネスとしては新しい種類なのだろうか？　筆者も初見である。

　顧客の顔の写真と名前をスタンプにできるようだが、印鑑の柄の部分が日本やアメリカの漫画キャラのフィギュアになっていて、種類も豊富だ。

　動物の展示方法としては評価すべき点もあるが、広大な園内の見逃した部分もあり、多数のパクリキャラが潜んでいるかもしれない。

「ミニオンズ」のキャラがなぜここに!?

「スター・ウォーズ」のR2-D2に似ているごみ箱。

キャラスタンプ、絶賛販売中!

ライトアップは美しいが
パクリキャラは控えめな遊園地

🏠 星海広場遊楽場

- 読 せいかいひろばゆうらくじょう
- 简 星海广场游乐场
- 発 シンハイグァンチャンヨウローチャン
- A Xinghai Square Amusement Park
- 📍 辽宁省大连市沙河口区星海广场内
- 🚌 22 路、23 路、37 路の路線バスにて「星海广场」で下車。現在、地下鉄 1 号線星海広場駅を建設中
- ↗ 遊園地の面積は不明
- ¥ 無料
- 🕐 24 時間開放
- 🚻 特になし

　星海広場は遼寧省大連市にある広場で総面積 110 万平方メートル、広場としてはアジア最大の面積を誇る。星海広場は星海湾のゴミ捨て場になっていた場所を埋め立て、1997 年に完成した国家 5A 級旅遊景区。周囲は高級マンションが立ち並んでいる。

　敷地の一角にある入園無料の遊園地が星海広場遊楽場だが、具体的な営業時間、面積や竣工された年といったデータは不明。筆者訪問時の 5 月の夜間でも運営されていて、20 時を過ぎても遊具は稼働していた。広い遊園地ではないが、ライトアップに力を入れているのか、利用者からは昼間よりも夜間の方が高い評価を得ている。

　遊具に注目すると、東北地方で人気がある消防車型のライドがあり、火災が発生したビルに放水をするコンセプトだが、キャラの造形がどことなくディズニーキャラっ

２階建てのメリーゴーラウンドはネオンが美しい。

ぽい。
　２層のゴージャスなメリーゴーランドにはくまのプーさんと森の仲間たちがてんこ盛りだ。回転ブランコのイラストの世界観は統一されておらず、稼働すると『スパイダーマン』や『X-メン』らしきマーベル・コミックのキャラが現れる。筆者の予想よりもパクリキャラは少なく、今後は中国らしいぶっとんだ遊具の追加を期待したい。

アメリカン・コミック風のイラスト溢れる遊具。

東北地方で人気の消防車型放水遊具。

『くまのプーさん』のパクリイラスト。

広大な面積を誇る星海広場。

テーマパークのキャッスルのような5つ星ホテル!!
大連一方城堡豪華精選酒店

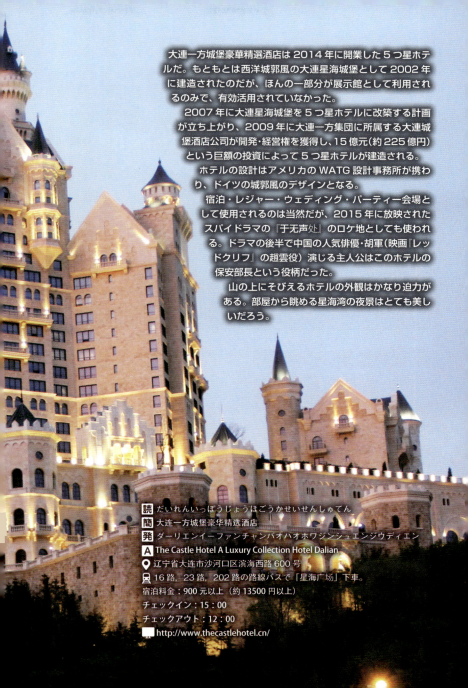

大連一方城堡豪華精選酒店は2014年に開業した5つ星ホテルだ。もともとは西洋城郭風の大連星海城堡として2002年に建造されたのだが、ほんの一部が展示館として利用されるのみで、有効活用されていなかった。

2007年に大連星海城堡を5つ星ホテルに改築する計画が立ち上がり、2009年に大連一方集団に所属する大連城堡酒店公司が開発・経営権を獲得し、15億元（約225億円）という巨額の投資によって5つ星ホテルが建造される。ホテルの設計はアメリカのWATG設計事務所が携わり、ドイツの城郭風のデザインとなる。

宿泊・レジャー・ウェディング・パーティー会場として使用されるのは当然だが、2015年に放映されたスパイドラマの『于无声处』のロケ地としても使われる。ドラマの後半で中国の人気俳優・胡軍（映画『レッドクリフ』の趙雲役）演じる主人公はこのホテルの保安部長という役柄だった。

山の上にそびえるホテルの外観はかなり迫力がある。部屋から眺める星海湾の夜景はとても美しいだろう。

読 だいれんいっぽうじょうほごうかせいせんしゅてん
簡 大连一方城堡豪华精选酒店
発 ダーリエンイーファンチャンバオハオホワジンシュエンジウディエン
A The Castle Hotel A Luxury Collection Hotel Dalian
辽宁省大连市沙河口区滨海西路600号
16路，23路，202路の路線バスで「星海广场」下车。
宿泊料金：900元以上（約13500円以上）
チェックイン：15：00
チェックアウト：12：00
http://www.thecastlehotel.cn/

理解不能！
セクシー路線に走る回転ブランコ！！

🏠 星海公園

読 せいかいこうえん
簡 星海公园
発 シンハイゴンユェン
A Xinghai Park
📍 辽宁省大连市沙河口区中山路634号
🚌 22路、23路、28路の路線バス、もしくは202路の路面電車にて「星海公園」で下車
↗ 約15万平方メートル
¥ 無料
🕐 24時間開放
💺 特になし

　遼寧省大連市の星海公園は1909年に南満州鉄道株式会社によって造営され、星ヶ浦ヤマトホテル、海水浴場、ゴルフ場などを備えた総合リゾート地として開発される。周辺は高級住宅地で満州国時代は多くの日本人が生活していた場所でもある。

　星海公園は当初は「星ヶ浦公園」と呼ばれたが、1945年に現在の名称となる。名前の由来は伝説によると昔、空から隕石が付近の海岸に落ちて「星石」として残り、周辺は「星海湾」と呼ばれたことによる。

　約15万平方メートルの面積の星海公園は大連市内最大の海浜公園であり、遠浅の海水浴場は夏になると観光客や多くの子供が訪れる。敷地内には遊園地、アジア最大規模の水族館の「聖亜海洋世界」、高さ55メートルのバンジージャンプ塔といった施設を備えている。アクセスは良好で、市内の路線バスの他に路面電車の星海公園

駅もある。

　24時間開放されている公園だが、百度百科には遊園地のアトラクションの営業時間は07：30〜17：30で夏季は延長と説明。しかし筆者が5月に訪問した際は21：00前後でもアトラクションは運営していて、大連市民にも非常に人気のある公園だ。

　星海公園から眺める浜海大道の橋の夜景は美しく、大連近海で獲れる名物のイカ焼きを屋台で購入したところ、大変美味であった。

　2層のゴージャスなメリーゴーラウンドに『くまのプーさん』のイラストが描かれていたりしたが、パクリキャラは予想よりも少なく感じた。しかし回転ブランコのイラストに注目すると、水着や下着姿といった露出度の高い女性の写真が貼られているのが理解不能だ。ハリウッド女優のような

大連名物のイカ焼き。

遊園地の遊具らしからぬセクシー路線。

欧米人、アジアの女性の写真も使用されていて、筆者もこれまで数多くの中国の遊園地を撮影したのだが、ここまでセクシー路線に走る回転ブランコは初見である。中国の他の地域でも見られるのだろうか？ エロの表現の規制が緩い日本でも遊園地の遊具にセクシーな女性の写真だらけでは、児童の教育上よろしくないとPTAやフェミニストの団体から苦情を言われることだろう。

　園内で少々恐怖を覚えたのは、暗闇の中で地面にぶちまけられた残飯の肉を貪る数匹の野良犬である。中国でもさすがに飼い犬に対する狂犬病の予防接種は義務付けられているようだが、中国人は野良犬に対しておおらかなのだろう。風光明媚な星海公園だが、衛生的に大丈夫なのか？

残飯を貪る野良犬。

巨大なサッカーボールと
パクリキャラが同居する風情ある公園

🏠 大連労働公園

読 だいれんろうどうこうえん
簡 大连劳动公园
発 ダーリエンラオドンゴンユェン
A Dalian Labor Park
📍 辽宁省大连市中山区解放路5号
🚌 2路、11路、24路の路線バスにて「劳动公园」で下車。大連駅から約1㎞
↗ 102万平方メートル
¥ 通常は無料。下記の花展期間は20元(約300円)必要
🕐 通常は24時間開放。4月下旬から5月中旬の花展期間中は07：00～17：30と制限される
🚇 特になし

　遼寧省大連市中心部に位置する大連労働公園は1899年に帝政ロシア租借時代のロシア人によって竣工され、当初は大連市の西郊外に位置することから「西公園」と名づけられる。1905年に日本軍が大連を占領後、日本人によって土俵、ゴルフ場、乗馬クラブ、プールが増設され、1925年には忠霊塔が建立される。その後、大連市の西側が開発されると同園は市の中心部に位置するようになり、「中央公園」に改称。中華人民共和国成立後は、中国政府が国民に労働を義務づけたことにより、公園の名前は現在の「大連労働公園」と改称。

　同園は面積102万平方メートルを誇る大連市中心部で最大の公園で、年間300万人以上の利用者が訪れる国家4A級旅遊景区の観光地だ。大連はサッカーが盛んなことから敷地内には「大足球」と呼ばれる巨大なサッカーボール型の球形建築芸術館

「スポンジ・ボブ」を彷彿とさせる遊具。

がある。1999年には大連市政100周年を記念して公園北部にある「世紀倉」に当時の国家主席・江沢民が大連の題詞を書き、大連市長の薄熙来（後に重慶で辣腕を振るうも権力闘争に敗れ失脚）が2099年の大連市長宛ての手紙を書いて封印している。

早朝の大連労働公園では運動をする中高年や犬の散歩をする市民が訪れ、園内の遊園地・緑山遊楽園ではスタッフが遊具の掃除や準備に勤しんでいる。中国の遊園地でよく見かけるパクリキャラをふんだんに使用した遊具を設置する「武漢中新遊楽設備」の看板を発見。会社名からすると武漢の企業のようだが、遊具メーカーとして中国国内では実績があるのだろう。脱力感あふれるミッキー＆ミニーマウスのようなネズミキャラが看板で微笑み、遊具の柱や壁には児童を喜ばせようとアメリカのアニメキャ

早朝、園内で運動する市民の皆さん。

アンパンマンとバイキンマンのはず。

ライオンのように見える羊キャラ。

ラのような動物が描かれている。

　2層のメリーゴーラウンドのイラストは油彩の風景画になっていて物足りなかったが、回転ブランコにはミッキーマウス、トムとジェリーもどきが目撃される。アンパンマンとバイキンマンらしきキャラが乗っている電動遊具も見られたが、かろうじて原型を留めているレベルで造形センス・色彩感覚が一言で述べると狂っている。

　同園のシンボルでもある大足球は直径19.6メートル、紅白を基調としてさすがにデザイン的にも優れているが、園内の遊園地は中国の他の地域のものと同じクオリティだ。同園は風情ある公園なのだが、どうしてこうなった？

大都市の公園でこれだけ面積を確保するのは立派だ。

口から入るお化け屋敷はだいたいチープな構造だ。

仰天！遊園地のパクリキャラグッズ!!

　東シナ海や南シナ海の現状からすると、日本やアメリカは中国の仮想敵国。しかし遊園地をちょっと眺めただけでも日米のパクリキャラグッズが溢れていようとは……。反日教育さえなければ世界一の親日国になりかねないのが中国なのだが、まさか抗日テーマパークでもクールジャパンの威力を目撃するとは、想定外だった!! ありえねぇ～。

はたけカカシがなぜ？　日本の忍者漫画・『NARUTO』の登場人物の「はたけカカシ」グッズが抗日テーマパークで販売されている理由を知りたい。主人公のNARUTOのグッズが見当たらなかったのはどうしてなのか？　撮影場所：八路軍文化園

眼鏡がないのはなぜなのか？アラレちゃんフィギュアは本物っぽいが、眼鏡をはずした名探偵コナンはパチモノっぽい。撮影場所：発現王国

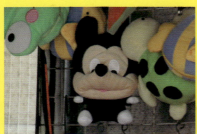

偽ミッキーのぬいぐるみ　顔にしわが深く刻まれている。人生の苦労が窺える。撮影場所：瀋陽市南湖公園

バルーンもパクリなのか？　ドラえもんとミニオンズのキャラの特徴はつかんでいる。類似品は中国全土で販売されている。
撮影場所：ハルビン文化公園

パクリキャラグッズの詰め合わせなのか？ 『ONE PIECE』『NARUTO』『ミニオンズ』のキャラが散見される。
撮影場所：発現王国

スーパーマン、ドラえもん、ミニーマウス、スパイダーマン、ハローキティ　映画のテーマパークでも版権が守られているとは限らない。撮影場所：長影世紀城

冬季は営業しない国際的なテーマパーク

🏠 発現王国

- 読 はつげんおうこく
- 簡 发现王国（发现王国主题公园）
- 発 ファーシェンワングォ
- A Discoveryland
- 📍 辽宁省大连市金州区金石路36号金石滩国家旅游度假区
- 🚇 大連の快軌3号線で「金石滩」下車
- ↗ 47万平方メートル
- ¥ 210元（約3150円）
- 🕘 営業期間：4月1日〜10月31日
  AM9：30〜PM17：00 ※祝日にはPM21：00まで夜間営業のケースあり。
- 💻 http://www.discoveryland.cn/

　2006年に開業した発現王国は、大連海昌集団やシンガポールの西瑞克石油有限公司が投資し、ディズニーランドの設計に携わったアメリカのRPVA社が設計し、韓国のサムソン・エヴァーランドが管理運営に関わっており、非常に国際的なテーマパークだ。アクセスは大連駅裏の快軌3号線の駅から金石滩駅まで約1時間、金石滩駅から発現王国の入口まで2、3kmくらいあるので、駅近くから出ている小型バスで移動するのがお勧め。

　「発現」とは日本語の「発見」と同じ意味で、英語では「Discoveryland」と表記される。47万平方メートルの敷地の中心にある湖を囲むように伝奇城堡、魔法森林、金属工場、神秘砂漠、クレイジータウン、アメリカン・ストリートといったエリアに分けられている。210元（約3150円）

　の入場料を払ってゲートをくぐると、園内のオリジナルキャラ・藍毛の着ぐるみにお客さんの外国人のお姉さんがハグしていた。筆者は平日に訪問したのだが、来場者はとても多く、人気アトラクションの待ち時間は数十分くらいの行列だ。学校の遠足のジャージ姿の学生の集団がとても目立つ。

　「北京世界公園」でもすでに紹介したのだが、中国人のウェディングフォトにかける意気込みは凄まじく、テーマパークで撮影するカップルも目撃される。発現王国の敷地には婚礼殿堂という西洋教会風の結婚式場もあるのだが、それなりに需要があると判断した。発現王国度暇酒店というホテルも隣接しており、「国家5A級旅遊景区」という中国では最高ランクの観光地としてかなり気合を入れて作られたテーマパークであることがわかる。

オリジナルキャラの藍毛の着ぐるみは記念撮影で多忙。

オリジナルキャラと園内案内図。

　伝奇城堡のレストラン・騎士餐庁はピザやパスタ、ステーキといった西洋料理を提供するのだが、内装は『ハリー・ポッター』のホグワーツ城っぽい雰囲気である。他のエリアではハンバーガーといったファーストフードや中国の麺料理、日式牛肉飯（牛丼のことと思われる）なども食べることができる。園内のジェットコースターなどの大型遊具はアメリカ、ドイツ、イタリアなどのメーカーが製造しているが、国内遊具メーカーの信用がないのだろうか？　カッパを着用してボートに乗るスプラッシュ系の遊具もあるが、コースには外野の人間が1元コインを投入して一定時間放水できる水鉄砲もあり、ボートに乗るアカの他人に向かって、遠慮なく放水可能。いいのか、それで？
　神秘砂漠には池の鯉に棒つきボトルからエサを与えるアトラクションがあり、さか

なクンをイメージさせる帽子をかぶったスタッフが管理していた。

　運よく園内パレードを撮影できたのだが、パレードで踊っているスタッフの顔立ちはロシア人のような容貌だった。大連は一時は帝政ロシアの租借地だったが、現在はロシアもしくはスラヴ系の様な人間が出稼ぎで踊っていることに歴史の変化を感じる。ちなみに発現王国の営業期間は4月1日から10月31日までなので、スタッフは休園中、どういう生活をしているのか気になるところだ。

　「飛越裂谷鎮」という約20分間のショーはアメリカの企業・ミラージュエンターテインメントが行っている為か、カースタントや火柱を吹き出したりするド派手な演出が数百人規模の観客に大好評だった。

　園内のショップでは、制服を着たスタッフが両手をくるくる回しながら「歓迎光

ホグワーツ城っぽい雰囲気を演出している。

臨」(いらっしゃいませ!)とあいさつをするのはマニュアルに基づいているのだろう。ショッピングエリアのアメリカン・ストリートでは地元大連や台湾、韓国などの特産品も販売されていて、「日屋」というお店では日本のメーカーの歯磨き粉や雑貨などが並べられていた。

　テーマパークなので、オリジナルキャラの「酷楽」(双子座で楽天的な性格という設定)などの人形やキャラグッズを販売しているのは評価したいが、日本のアニメ関連グッズも多く取り揃えていた。スタッフは来園者に「当店のキティグッズは正規品です」と説明していたので、店内のねんどろいどの初音ミクのフィギュアもおそらく正規品。どこの国でも生活が豊かになってくると、海賊版よりも本物のクオリティを求めるものだが、『ONE PIECE』や『NARUTO』のフィギュアは本物っぽ

いものもあればパチモンのような微妙なテイストのもあり。

　発現王国のオリジナルキャラは残念ながら他の場所では目撃されなかった。発現王国の関係者は「われわれが目指すのは中国版のディズニーを創り出すことだ」と意気込んでいることだし、今の中国なら漫画やアニメ、オンラインやスマホのゲームを作る能力は十分あるので、こういった遊園地のオリジナルキャラもメディアミックスなどによってもっと売り出したらいいのではないのだろうか？

　金石灘は風光明媚な土地柄なので、大勢の旅行客が訪れるようだ。平日でも集客率の高い発現王国は中国のテーマパークとしては今後も勝ち組であろう。

タピオカ入りフルーツピザ。味は微妙としか答えられない。

ターザンっぽいキャラだが違うようだ。　　　　　園内オリジナルキャラにはそれぞれ細かい設定がある。

待ち時間数十分のアトラクション。

オリジナルキャラグッズが充実している点も評価したい。

フードコートも賑わっている。

ギョギョッ！雰囲気がさかなクンにどことなく似ている。

かなり気合の入ったパレードが開催される。

遠くの巨大な4面千手観音像は別の観光地だ。

アカの他人に放水開始！

アメリカンスタイルのド派手な演出が特徴。

カースタントショーは大勢の観客にも大好評だった。

室内遊園地も充実。

「日屋」では日本製の雑貨を販売中！

発現王国の隣のホテル。

パクリキャラは遊園地のHPにも溢れている!!

　ホームページはネット上の企業の顔でもあり、日本では地方だったとしても、ほとんどの遊園地でホームページが開設されている。しかし中国の遊園地のHPを閲覧すると、パクリキャラで溢れかえっている事があり、版権について理解されていないのが現状だ。また、日本人の感覚では考えられない様な事態に陥っている事も多い。さっそくツッコミを入れてみたい。

偽ディズニーとして海外にもその名を轟かせた「石景山遊楽園」のHPは肩書にこだわりあり。「先進遊楽園」や「北京市愛国主義教育基地」といった栄誉が掲げられている。中国人は想像以上に面子を重要視する国民性である。

遊園地のスローガン。HAPPY　HEALTH　＆　HIGHは中国語では「快楽」「健康」「美好」と表記されている。「快楽」のニュアンスが日本語とは若干異なるようだ。伝統に裏打ちされた中国人の健康哲学は尊敬に値するが、遊園地のスローガンとしては必要なのだろうか?

当前位置:首页>>公园活动

北京世界公園のHPに登場するパレードの山車に注目すると、ディズニー映画『アラジン』のランプの魔人っぽいのだが……。

当前位置:首页>>公园概况>>日文

集世界の名所は一体の北京の世界公園。北京豊台区花多大営台で、総面種は46.7ヘクタールの中心部までじゅうろくキロメートル離れて、北京西駅はちキロ、ここは北京花多森林公園。
世界公園は展示世界の最楽地の公園は、豊台区政府と花多郷政府の共同投資1.5億元を継設する。公園は1991年に着工、18個の月の高速度にこの「環境、一週、世界」を継続意図の世界園、1993年10月1日に正式に遊界人者向けに開放。
公園全体の配置に五大陸槻区区分の観光地区、世界でよんじゅう国の109カ所の有名な古絵名所のマイクロスポットを主体として、集めた世界で最も有名なエジプトピラミッド、フランスエッフェル塔、パリリノート ルダム、アメリカホワイトハウス、国会議事堂、リンカーン記念館、オーストラリアシドニー オペラハウスなどの建築、イタリア式、日本式民家等。
公園内は東欧、西欧、北米、南米、アフリカ、大洋州、東アジア、南アジアなど17の観光地、川の分布は4の形で全園に知絵。国内の彫刻、彫刻約100件、自由の女神、小便、デンマーク人魚が、デビッド、ヴィーナス、ショパン、モーツァルトなどの人物、洗練、生き生きとしている。
レーザー噴水、植物迷路、童話世界などの娯楽施設が設けられており。また、飲食、ショッピング、娯楽は1体の、異国情緒の国情街及び国際民俗村がある。国際通りは公園の東北角、長さ約1200メートルで、面積は1.5万平方メートルであり、欧米風の建築群のうち、イタリア名店街、ドイツゲーテ美食ビル、スイスローザンヌプレゼント街など主要経営各国の風味や観光の記念品を展開で、異国の特色の娯楽活動など。
世界公園発展略伝
1991年
よんしょう月、江沢民、李鵬など党と国家の指導者の所在地の植樹を審査も国公園の模型地区模型。
1992年
4月、正式に着工する工事が継続する。
1993年
きゅう、く月25日試験営業、江沢民主席は自ら書いた園名、1993年じゅう月25日に正式に開放される。読売しん島市相挙干、李其炎の案内で世界公園を正式に開園テープカット。学線世界公園運営「公園の大きさは、世界の小さくて、景色の名所、眼下。」万葉の、田紀雲、李嵐清、尉健行、刘华清、吳学健、胡锦淸司

北京世界公園のHPの公園概況は日本語にも対応している。しかし、日本語の文章は誤表記が目立ち、よほど性能の悪い翻訳ソフトを使ったと思われる。努力は評価したいのだが……。

龍華歓楽園のHPにはアメリカ産のパクリキャラが溢れていた。ディズニーキャラよりもインパクトのある創業者のシン氏のご尊顔を掲載してほしい。

瀋陽森林動物園のスペルミスの放置。本文で紹介した「アムールトラ餓死事件」があった動物園とは想像できないほど「まとも」に見えるHP。しかし閲覧後、数秒で発見したのだがHPのヘッダーに表記されているSHENYANG **"FORSET"** ZOOLOGICAL GARDENとスペルミス。正しくは"FOREST"だ。こんなミスを発見する筆者の眼はドラマで見かける鬼姑のように厳しい。

瀋陽中山公園内の自然王国主題楽園のHPは閲覧するとエンドレスで児童の唄が流れる。しかし国家級科普旅遊基地でも版権について正しい理解がされていないようだ。明らかに限られたスペースにキャラを詰め込み過ぎだろう。

ディズニーキャラが必要以上に並んでいるが、上海ディズニーランドではなくて自然王国主題楽園の公式HPだ。

遊園地スペック表

　本書で掲載した中国の主な遊園地・テーマパークと日本の東京ディズニーリゾート・USJのスペック比較

遊園地・テーマパーク名	面積	入場料金	開園した年	観光地ランク
北京石景山遊楽園（北京市）	35万平方メートル	10元（約150円）	1986年	4A級
北京世界公園（北京市）	47万平方メートル	100元（約1500円）	1993年	4A級
龍華歓楽園（河南省）	25万平方メートル	98元（約1470円）	2012年	不明
八路軍文化園（山西省）	15万平方メートル	90元（約1350円）	2011年	4A級
遊撃戦体験園（山西省）	10万平方メートル	60元（約900円）	2011年	4A級
長影世紀城（吉林省）	30万平方メートル	240元（約3600円）	2005年	5A級
ハルビン文化公園（黒竜江省）	22・8万平方メートル	5元（約75円）	1958年	4A級
発現王国（遼寧省）	47万平方メートル	210元（約3150円）	2006年	5A級

東京ディズニーランド（千葉県）	51万平方メートル	7400円	1983年	
東京ディズニーシー（千葉県）	49万平方メートル	7400円	2001年	
ユニバーサル・スタジオ・ジャパン（大阪府）	47万平方メートル	7400円	2001年	

軟体レポート　http://blog.livedoor.jp/nantaireport/

日本や中国のいわゆるB級スポットや珍スポットを紹介するブログ。中国の遊園地の記事には動画も多い。

あとがき

　日中両国間では互いの国に「良くない印象」を抱く人は日本で9割、中国で7割を超えると言われている。筆者は中国語での会話は現地でもほぼ問題なく行えるのだが、現地で接触する中国人の反日感情はそこまでひどいとは感じない。それどころか親切な方が多く、例えば現地の人からスマホで天気予報・列車の時刻表・現地のホテルについての情報を提供してもらえるので、非常に助かっている。中国では毎日のように「抗日ドラマ」が放映されているが、一方では『知日』という日本のカルチャーを紹介する雑誌は視点が非常に面白い。逆に日本国内での中国に対する報道はマイナスイメージの事柄ばかりに偏っているので、中国各地の遊園地のパクリにツッコミを入れる筆者ですら違和感を覚える。

　本書の取材を中国東北地方と山東省で行っていたが、最終日は無理な強行軍が問題だったのか、青島市のホテルにて39度の発熱でダウン。朝07:30からホテル近くの薬局が営業していて風邪薬を購入し、この日は取材を諦めて11:00頃までホテルで静養。それでも熱が下がる気配がないので、近くの小さな診療所で点滴を打ってもらうことにした。担当の女医さんは親身に対応してくれて、1番良く効く薬は1万人に2、3人くらいアレルギー反応が発生すると説明されたので無難な2番目に効く薬を点滴してもらう。近くのベッドで診療所の老医師が昼寝をしていたのは中国らしい緩さだが、2時間の点滴で無事に熱を下げ、薬を処方してもらう。日曜日でも診療所が営業していた点についても感謝したい。

　あとがきのスペースの都合で書ききれないが、本書の取材中に接触した現地人については筆者のブログに追記するので、興味のある方はご覧ください。ネットで中国人のことを馬鹿にするのは簡単だ。しかし、先入観を取り払い現地の言葉を覚えて中国人と接触すると、見えてくる光景はかなり違う。広大な中国を旅行していると、日本とは異なる事情やタクシードライバーの反日発言で腹が立つこともある。それでも筆者は昔から親切な中国人に助けてもらうことも多いので、日本の道端で困っている中国人に遭遇したら何か手助けしなければと思っている。

　本書では中国のパクリキャラ溢れる遊園地や抗日テーマパークといった強烈なレジャー施設を紹介してきたが、中には廃墟遊園地や大学の敷地になるケースもあり、収録した物件がどのように変化するのか誰にも予測できない。河北省の「石家庄新長城国際影視城」の偽スフィンクスも撤去されたように、中国各地の遊園地のパクリキャラもいつかは駆除されると筆者は危惧している。本書を購入してくれた読者に言いたいのは、気になる中国の遊園地・テーマパークがあれば、パスポートを所得して早めに行けという事だ。外務省の海外安全ホームページによると、中国国内では2016年11月の時点で新疆ウイグル自治区とチベット自治区以外には危険情報はなく、（秋〜冬季の大気汚染の注意喚起はされている）周辺のアジア諸国と比較すると治安は悪くない。筆者は今後も中国の遊園地の取材を続ける予定だ。

　最後に取材に協力していただいた現地の中国人の皆様、筆者のブログ『軟体レポート』のファンの皆様、書籍化を持ちかけてくれた編集者の濱崎誉史朗氏、そして読者の皆様に謝辞！

関上武司 （せきがみ・たけし）

愛知県在住のサラリーマン。1977 年生まれ。日本
や中国の B 級スポットや珍スポットを紹介する旅行
ブログ『軟体レポート』の管理人。北京に留学して中
国語を勉強していたが、江蘇省蘇州市で駐在員として
2 年くらい勤務していた為、南方訛りの中国語が抜
けなくなっている。中国旅行中は基本的に一人で行動
するが、現地ツアーに参加すると中国人と仲良くなる
ケースが多い。非常に柔らかい身体の持ち主で、初対
面の人物に軟体芸を披露して驚愕させる事を至上の喜
びとしている。オーストラリアにて軟体大道芸で生活
費を稼いでいた経歴あり。

ブログ　http://blog.livedoor.jp/nantaireport/
Twitter　@SoftlyX
メール　tsekigami1977@yahoo.co.jp

中国珍スポ探検隊Vol.1

中国遊園地大図鑑
北部編

2017 年 1 月 1 日　初版第 1 刷発行
著者：関上武司
撮影：関上武司
編集：濱崎誉史朗
DTP：濱崎誉史朗
装幀：濱崎誉史朗
発行人：濱崎誉史朗
発行所：合同会社パブリブ
〒 140-0001
東京都品川区北品川 1-9-7 トップルーム品川 1015
電話 03-6383-1810
印刷 & 製本：シナノ印刷株式会社